新聞の正しい読み方

情報のプロは
こう読んでいる!

松林薫 著

NTT出版

本書の案内

これから新聞を読み始める人	新聞を読むコツをイロハからわかりやすく説明	1〜3章
ニュースをもっと深く理解したい人	長年の読者も知らない「新聞の文法」を解説	2、3、4、6章
情報の分析力を磨きたい人	記者の「情報を立体的に読み解く技」を伝授	5、7章
記事をビジネスに活かしたい人	日経の読み方から営業・就活への応用まで詳述	5〜7章
メディアリテラシーを教える人	報道の舞台裏や、そこで働く力学を公開	3、4、5、7章

第1〜4章：基礎編

第5〜7章：実践編

『新聞の正しい読み方』　目次

はじめに　1

第1章　新聞の構成を知る　11

1　1面にはなにが書かれているか　12
新聞の「最新版」とはなにか／「スクープ」とはなにか／コラム・企画記事など

2　見出しには意味がある　19
ニュースの「格付け」／見出しの段数でランクが決まる／「超弩級」ニュースの見出し／ネットニュースの見出し／見出しとリードで速読する

コラム：メディアリテラシーの原風景　29

第2章　記事の中身を読む　33

1　記事の種類　34
記事の大きさと位置による分類／記事の形式による分類／ニュースソースや取材手法による分類

2　リード文に注目する　43
「スクープ」の表現／スクープを逃した側の表現

3 主語に注目する 48
「ニュースソース」は誰か／「オフレコ」の意味
4 情報の「質」の違いを意識する 54
新聞情報の正確性／事実と推測を表現から区別する／
新聞における「主張」
コラム：削り 63
第3章 新聞ができるまで 67
1 記事ができるまで 68
取材し、編集する――記者・デスク／見出しを付ける――整理部／
チェックから印刷へ――校閲部・印刷所
2 新聞社はどんな組織か 77
記者は最下層／部間の争い
3 新聞業界の構造 81
一般紙・通信社・ＮＨＫ／政治的スタンスの違い
コラム：日本の新聞の特殊性 85

第4章　新聞記者を理解する　89

1　記者の仕事　90
読者に代わって「情報処理」をする／ニュースを集める——収集、発掘、体験、検証／ニュースの加工——選別、消化、解釈、主張／ニュースの価値を判断する／新聞社の事情による判断

2　記者はどうやってネタを取るのか　102
機密情報を獲得する／「秘密情報」を得る手法／自ら秘密を話すとき

3　記者はどのように評価されるか　108
記者はなにを考えているか／記者は「競争」している

4　新聞と権力　116
癒着はあるのか／新聞と「圧力」／本当に大きいのは「読者の意向」

「エリート」はなぜ新聞を読むのか　122
それぞれの立場での活用法／新聞の選び方

第5章　情報を立体的に読み解く　131

1 情報の3次元分析 132
プロは情報をどう見るか／発信者の「表現」／発信者の「立場」／発信者の「動機」／バレンタインデーの例で考えてみる
2 新聞記事の3次元分析 138
記事の重要度を分析する／記者の行動原理から考える
3 誤報を見分ける 144
誤報とはなにか／当時者の反応／本当に「誤報」だった場合
4 ニュースの背景を立体的に読む 152
情報を集める／本から情報を得る
5 ビジネスに応用する 156
取引相手を分析する／相手の反応をノートに記録して分析
コラム：『クライマーズハイ』 160

第6章 ニュースを「流れ」で理解する 163

1 政治面の読む 164
予算をめぐるスケジュールを押える／国会のどこに注目するか／政治家と官僚たちの夏
2 経済面の読む 175
経済の流れを理解する／GDPはなぜ重要か／景気のサイクルを理解する

3 国際面を読む 182
署名に注目する／現場の重要性
4 社会面を読む 187
事件記事を分析する／刑事事件の手続きの流れ
コラム：日経新聞の読み方 193

第7章 情報リテラシーを鍛える 197

1 過去・現在・未来の視点を持つ 198
新聞の縮刷版を読む／変化のスピードをつかむ／予測の精度を知る／記憶の歪みを正す
2 自分の感情をコントロールする 210
「犯人」への怒り／「松本サリン事件」を読む／結論をすぐに出さない／複数の立場から読む
コラム：スクラップをつくる 219

おわりに 221
より理解を深めたい方のための読書案内 228
参考文献 230
参考・引用リンク集 237

はじめに

私が、新聞の読み方について書こうと思ったのは、新聞の読者層が急速に広がっているにもかかわらず、その「正しい読み方」についての情報が圧倒的に不足しているのではないか、と思ったからです。

「新聞が読まれるようになった」などと言うと、驚く人が多いでしょう。私は２０１４年10月まで日本経済新聞の記者をしていたのですが、こう言うと元同僚でさえ「えっ?」という顔をします。無理もありません。近年、新聞離れが加速している、というのが記者たちの間では「定説」になっているからです。

日本新聞協会によると、２０１５年までの10年間で、一般紙の発行部数は６４９万部減りました（概数、以下同）。これは毎日新聞と産経新聞が発行する朝刊の合計（４８８万部）を大幅に上回る部数です。減少のスピードも10年前と比べて加速しており、２０１４年からの1年間だけで99万部も減りました。これは規模から言えば毎年、北海道新聞、河北新報、中国新聞、西日本新聞といった大手の地方紙1~2社分が消えていっているイメージです。

しかし、発行部数や定期購読者の減少は、「読者の減少」「影響力の低下」と必ずしもイコールではありません。新聞記事は紙媒体だけでなく、急速に普及し続けているネットでも配信されているからです。

そう、実はネットの普及によって、私たちが新聞記事を読む機会はむしろ増えている可能性があるのです。

例えば、「新聞は読まない」という人でも、パソコンやスマートフォンでヤフーニュースに目を通すことは少なくないでしょう。トップページの記事を見ると、ブログや雑誌などの記事も転載されていますが、3分の1から半分くらいは新聞社や通信社が配信したものです。「2ちゃんねる」などのネット掲示板にも、違法なものも含め、コピペされた新聞記事があふれています。最近は、記事を様々な媒体から集めてスマホなどに配信する「キュレーションアプリ」も人気です。

こうした配信ルートは、ネットが普及する前には存在しませんでした。私が大学時代を過ごした時期は、ちょうどインターネットが一般市民の生活に入ってきた1990年代です。そのころ、新聞社はまだ記事のネット配信をほとんどしていませんでした。すでに新聞を読まない学生が大多数を占めていましたが、こうした人たちは今と違って「まったく」新聞記事に触れていなかったのです。

これに対し、今の新聞の「無購読層」は、本人が意識する・しないにかかわらず、けっこう新聞記者の書いた記事を読んでいます。さらに、ブログやネットメディアの記事には、新聞記事を引用する形で書かれたものが少なくありません。こうした間接的な利用も、紙媒体しかなかった

20年前と比べると飛躍的に増えました。

要するに、紙媒体としての新聞はどんどん減っている一方で、「新聞記事」自体はこれまで「紙の新聞」を読まなかった人たちにまで読まれ、活用されるようになっています。「情報収集はネットで十分」と考えている人たちでさえ、実は受け取っている文字情報のかなりの部分が「新聞」由来なのです。

ところが、ネットに親しんでいる若い世代は、ほとんどが「紙の新聞」を継続して読んだ経験を持っていません。

実は、ネットに流れている記事を正確に理解するには、「紙の新聞」についての基礎知識が不可欠です。ネットで流れている記事も、ほとんどは「紙面」に載せることを前提に書かれているからです。

紙面に掲載できる字数には限りがあり、印刷の締め切り時刻も厳格に決まっています。元の記事には、そうした様々な制約を克服するための「工夫」が詰め込まれています。ところがネットに転載する際、そうした「工夫」の部分は削ぎ落とされてしまいます。こうした事情を知って読むのと知らずに読むのとでは、ニュースへの理解に大きな差が生じてしまうことは容易に想像できるでしょう。

それだけではありません。ネットでしか記事を読まない人はもちろん、紙の新聞を読み慣れている読者でも、「新聞特有の表現ルールを知った上で読んでいる」という人は、私が知る限り、ほとんどいません。実はみんな、書き手の意図を踏まえた「正しい読み方」を知らないまま記事を読んでいるのです。

具体例を挙げておきましょう。みなさんは、政治や経済に関する記事に、「〜する方向で検討に入った」とか、「〜の方針を固めた」といった表現が多用されていることにお気づきでしょうか。「〜に向けて最終調整している」という表現もよく出てきます。

ほとんどの人は、いずれも「〜することがほぼ決まった」という意味だと、区別せずに受け取っているのではないでしょうか。ところが、新聞記者はそれぞれの表現を使い分けているのです。明文化されているわけではないのですが、新聞記者の間では「こういう状況ではこの表現を使う」という一種のルールが共有されているからです。

こうした表現の意味を知っていれば「この話はまだ生煮えで、実現しない可能性も少なからずあるな」などと、報じられた内容の進捗状況や実現性を判断することができます。実際、新聞記者をはじめとした「情報のプロ」がニュースを読むときには、こうした表現に注目しながら読んでいるのです。

しかし、こうした知識がなければ「大新聞が1面のトップで報じているのだから、明日にも実現するはずだ」と単純に考えてしまうでしょう。もし実現しなければ「誤報だ」「根拠もなく書いたな」と思ってしまうかもしれません。実際、ネット上の書き込みを見ていると、そう判断されている例が多いようです。しかし、同じ記事をプロが読むと、そもそも実現性が低いことがわかる表現が使われていたりするのです。

この手の「知られざる新聞表現のルール」はたくさんあります。こうした知識があるかどうかで、新聞から得られる情報の質はまったく違ってきます。当然、記事に書かれた情報を分析する際にも、その精度や深さに大きな差が生じるのです。

こうした情報格差が生じてしまった責任は、もちろん報道機関の側にあります。新聞記者だった私自身にも、「記事の表現にどんな意味を込めているのか」「どんな制約のもとで書かれているのか」といった情報を、読者にきちんと伝えてこなかったという反省があります。そこで、ニュースを正確に読むための基礎知識とノウハウを公開しようと考えたのです。

本書では新聞を読む際に必要なこうした基礎知識に加え、「情報を立体的に読み解く技術」についても解説したいと考えています。

情報を読み解いたり、自分で発信したりする能力を「情報リテラシー」といいます。ネットの情報に囲まれ、ツイッターやフェイスブックで個人が情報発信をする時代には不可欠な能力です。

しかし、インターネットという情報のカオスに、基礎的な訓練なしに飛び込んでやみくもに泳いでも、正しいリテラシーを身につけることはできません。「自己流」では、必ず限界に突き当たります。実際、私にはメディアの情報をどう受け取ればいいのかを巡って、世の中で大規模な混乱が生じているように見えます。

その点、新聞というメディアは、情報分析の基礎を身につけるうえで最高の教材です。紙の新聞がネット時代に必要なメディアかどうかといった評価は脇に置くとして、純粋に「情報リテラシーの基礎を学ぶための素材」として見れば、これ以上のものはないと思います。

それは、新聞業界が先に述べたような「ルール」や「表現形式」を共有しながら、報道の速さや正確さを競っているからです。

「ゲームのルール」が共有されているということは、異なる新聞同士で比較ができるということを意味します。正しい読み方を知っていれば、情報源が何かもだいたいわかります。あるニュースについて各社が異なる解釈を示したとき、時間が経ってから、どれが結果として正しかったのかを検証することもできるでしょう。

もう一つ、新聞にはネットメディアとの決定的な違いがあります。それは歴史の古さです。図書館に行けば、新聞が過去に何をどう報じていたかは、だれでも簡単に知ることができます。最近は新聞社が提供する記事の有料データベースで、キーワード検索なども可能です。つまり、長い時間軸のもとで記事の検証や比較が可能なのです。

論争的なテーマや大事件は、その社会的影響が大きければ大きいほど、検証には長い時間がかかります。最近の従軍慰安婦をめぐる「誤報」事件はその最たるものでしょう。ある報道が正しかったのか、間違っていたのかは時間がたたなければ見えないことがあるのです。

そうした検証や比較を経験してこそ、報道を適切に評価する視点や姿勢を身につけることができます。そして、一般の人でもそうした長期の検証が可能なメディアは、現時点では新聞くらいなのです。

本書は基本的に、そうした問題意識から書かれました。

ぜひ読んでいただきたいのは、これから情報社会の中で生きていくことになる若い人たちです。本書は初心者にも役立ててもらえるよう、見出しが何を表しているのか、限られた時間で新聞を効率よく読むにはどうすればいいかといった「イロハのイ」から丁寧に解説しました。進学や就活、就職などを機に新聞を読み始める人にはぴったりの入門書になったと自負しています。そうした本はたくさんありそうで、実は意外にないのです。

次に意識したのは社会の一線で活躍するビジネスパーソンです。新聞に限らず、「情報を読み解く」というのはあらゆる仕事の基本です。本書では情報を3つの軸から立体的に読み解く分析手法について説明します。これは記者が取材の過程で様々な情報を分析する際に使っている手法です。こうした技術を身につければ、一般の人でも新聞以外のメディアはもちろん、上司や取引先などが発する情報を分析する際に応用できるでしょう。

また、メディアリテラシー教育や、小中高などで実施されている「教育に新聞を（NIE）」活動に携わる先生方も読者として意識しました。とくに2016年の参議院選挙からは、有権者が18歳にまで広げられ、高校生の一部が投票や選挙活動に参加することになります。政治的な意思決定をするにはメディア教育が不可欠ですが、どう教えればいいのか、高校などの教育現場では迷いがあるはずです。こうした疑問にも、本書はヒントを提供できるのではないかと考えています。

最後に一つ、お願いがあります。本書では、ページの下や章末に「ＳＮＳボタン」を設置しました。といっても、紙の本なので二次元バーコードを印刷し、それをスマホで読み取ると、内容をツイッターやフェイスブックなどでシェアできるという趣向です。

これは「新聞の正しい読み方」を、本書の読者以外も含め一人でも多くの人に知ってほしいと思って考えた機能です。同時に、新聞を含む「紙のメディア」にも、知恵を絞ればまだまだ利用者を増やす手段は残されているはずだ、という問題提起の気持ちも込めました。

本書を読んで「面白い」「ためになる」と思った箇所があったら、この機能を利用して、友だちなどに教えてあげてください。本書をきっかけに、新聞や報道についての議論が盛り上がることを願っています。

QR コードの使い方

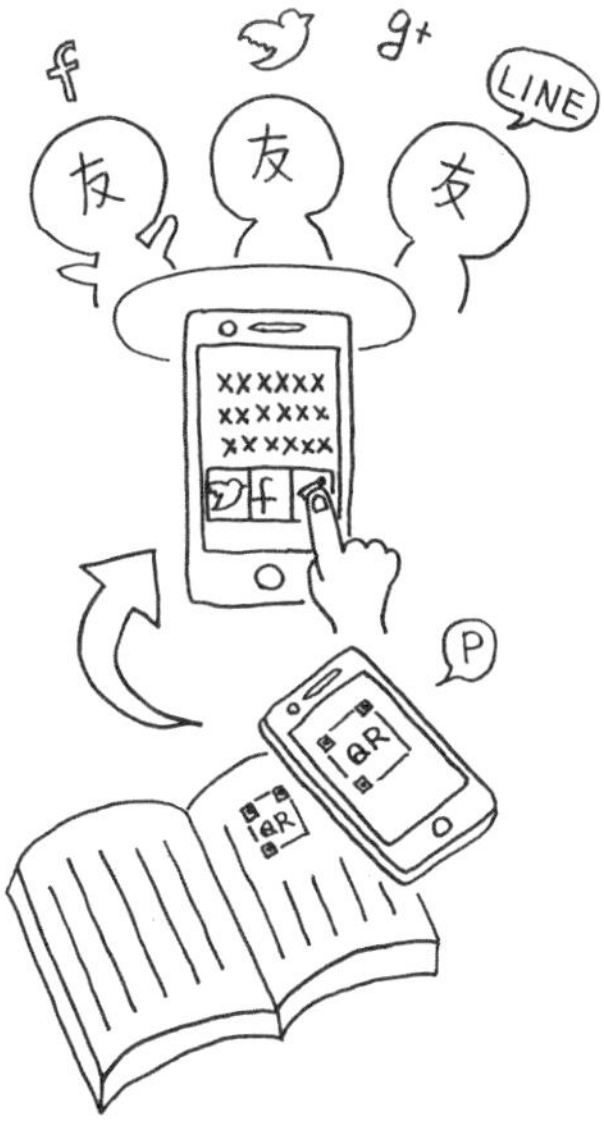

左図の QR コード

本文に指差しマーク（☞）や図表のある頁の下、基礎編である第１～４章末の「ポイント」コーナーに印刷されたバーコードを、QR コード認識アプリでスマホに読み込んでください。ツイッターやフェイスブックなどの SNS ボタンがあるサイトに移動し、本文の一部や要約を友だちとシェアできます。
＊利用しているサービスの都合などで予告なしに停止・終了することがあります。ご了承ください。

第1章

新聞の構成を知る

なにはともあれ、まずは実際に新聞を手にとって眺めてみましょう。この章では新聞について一番基本的なことについて学びます。「新聞ってごちゃごちゃして読みにくい」と思っている人も、どうしてこんな紙面になるのか理由を知れば、印象が変わるかもしれません。なお、ここでは原則として全国紙（朝日、読売、毎日、産経、日経）の東京版朝刊を念頭に置いて説明しますが、夕刊や地方紙でも基本的な構造は同じです。

1　1面にはなにが書かれているか

新聞の「最新版」とはなにか

定期購読していない人は、まず新聞を買わなければなりません。値段は新聞によって異なります。全国紙で最も安いのが産経新聞の110円で、最も高いのは日本経済新聞で160円です。新聞は図書館で読むこともできます。図書館には新聞閲覧コーナーが設けられていて、全国紙と地元紙は揃っているはずです。

もし、スマートフォンやタブレット端末を持っていれば、「電子新聞」で紙面を見ることも可能です。紙の新聞の購読が条件になっている場合もありますが、朝夕刊をセットで申し込むより割安になる場合もあります。

なかでも産経新聞は、無料で電子版を公開しています（2016年2月現在）。専用のアプリを

１面の構成

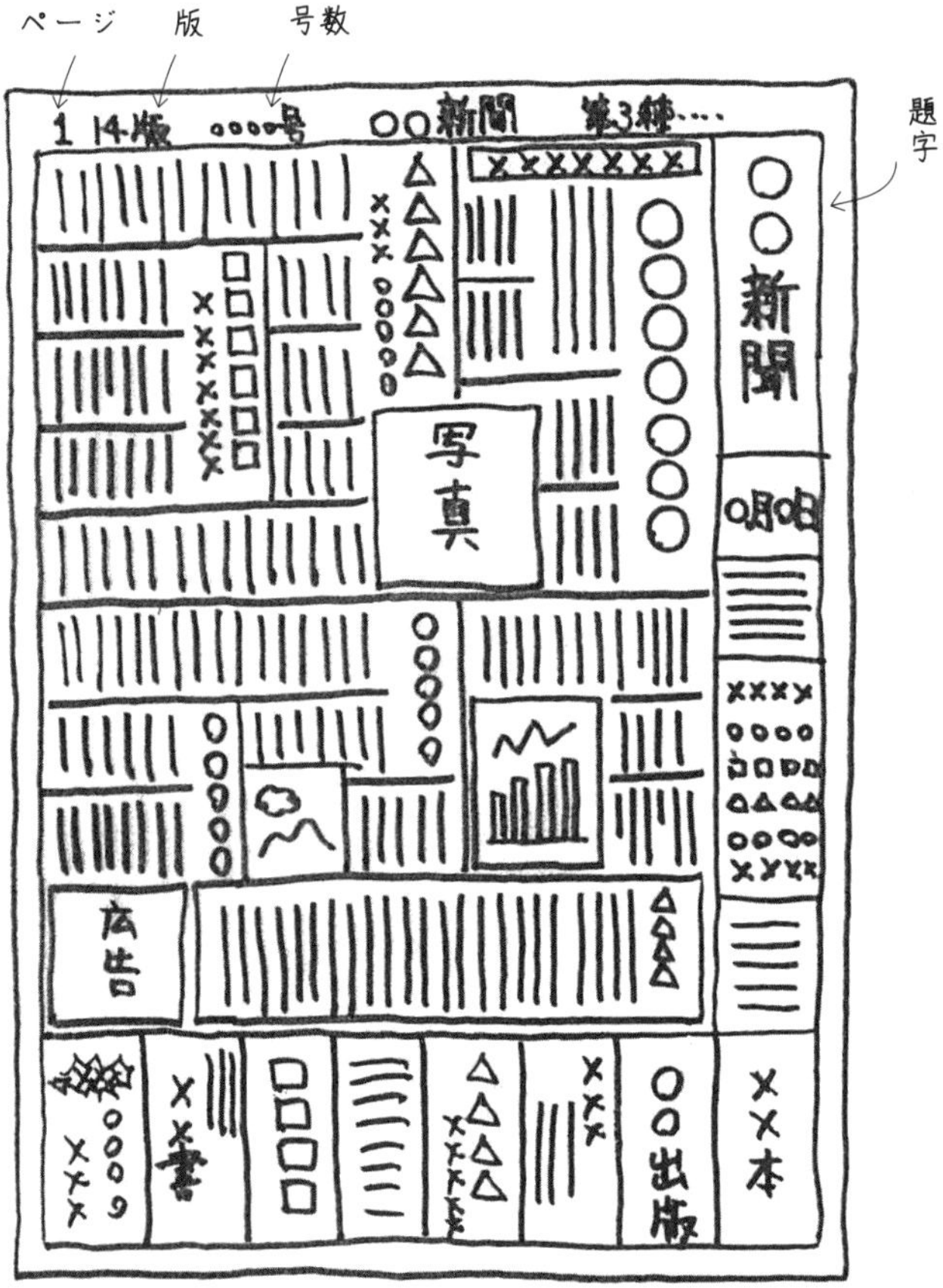

図の QR コード

ダウンロードすれば、広告の一部などを除き、スマホで紙とほぼ同じ紙面を読むことができます。スマホの小さな画面で見るのは少し窮屈ですが、紙の新聞のデザインに慣れる練習台としては、これで十分かもしれません。

まずは1面をざっと眺めてみましょう。

上部や右上に「〇〇新聞」というタイトルがあります。この「題字」が印刷されているのが1面で、ページ数でいうと1ページです。実際、左上の欄外に「1」とページ数が示されています。ページをめくって、次の面以降に2、3、4……と続いていることを確認してください。

この面で重要なのが、ページ数の右に書かれている「版」の数字です。ほとんどの人が気にしたことがないと思いますが、実はこの数字が、新聞を読む際には非常に重要なのです。というのも、新聞の「鮮度」はここを見るとわかるからです。魚の鮮度を「眼」を見て判断するように、記者などニュースのプロは必ず新聞を読む前に1面の「版」を確認するものです。

ここに「14版」と書かれていれば、その新聞が「最終版」であることを表しています（☞）。わかりやすく言うと一番新しいバージョンである、という意味です。記事の鮮度が高いわけですから、新聞として最も価値が高いといっていいでしょう。

実は、全国紙の朝刊には11版から14版まで4つのバージョンがあります。11版は発行部数がわずかで、廃止した新聞社が多いので、実質的には12~14版の3種類といってもいいかもしれません。朝刊に前日の夕刊の情報を入れた「総合版」が配られている地方もあります。夕刊もほとんどが3、4版に分かれています。なお、産経の朝刊は12～15版、夕刊は関西版は4、5版で、東日本では夕刊自体を発行していません。

「版」は、日本の新聞が全国展開を始めた百年以上も前に生まれた仕組みです。配達するエリアが広がっていくと、どうしても印刷工場から離れた地域に届ける時間は遅くなってしまいます。かといって「朝刊」がお昼や、読者が出勤した後で届いたのでは意味がありません。そこで、印刷工場から離れた地域に配る新聞は別版にして、早めに刷り始めることにしたのです。

では、版が違うと紙面の中身はどう変わるのでしょう。11～13版は「早版」と呼ばれます。早い時間帯に印刷するからですが、当然、記事の締め切りも早くなります。記者はだいたい午後7時から9時くらいまでには早版用の原稿をデスク（編集者）に提出しなければなりません。

言い換えると、それ以降に起きた事件や、わかったことを早版に掲載するのは難しくなります。運悪く早版が配られる地域に住んでいる人は、深夜に発生した事件などについての記事は読めないわけです。これに対し、最終版の原稿の締め切りは午前0時から1時ごろです。前日に起きた事件は、ほぼカバーしているといえるでしょう。

「スクープ」とはなにか

最終版とそれより前の版には、もう一つ大きな違いがあります。実は、いわゆる「特ダネ」が入っているのは最終版だけなのです（☞）。特ダネとは、他紙には載っていない独自の大ニュースのことで、「特報」「スクープ」とも呼ばれます。他紙では読めない記事ですから、これが入っているかどうかは、その新聞の価値を大きく左右します。ところが最終版が届かない地域の読者は、こうした記事を、少なくとも紙面では読むことができないのです。

これは、13版までに特ダネを載せてしまうと、他紙に追いつかれる恐れが生じるからです。早い版に載せると、それだけ他紙の記者が目にする危険性が高まります。他社がどこかで早版を読んで取材を開始し、最終版には同じ内容の記事を載せてしまうかもしれません。そうなると、もはや特ダネではなくなってしまうので、それを避ける狙いがあるのです。最終版が配られていない地域で、どうしても朝一番で最終版を読みたいという人には、先に紹介した電子新聞を契約するという選択肢があります。電子新聞は物理的に運ぶ手間がかからないので、必ず最終版を配信するからです。

再び紙面に話を戻しましょう。ページや版が書かれている上部を見ていくと、「号」が目に入るはずです。これは、その新聞が創刊されて以降の通し番号を表しています。

号数自体にあまり意味はありませんが、あえて触れたのは「号外」について説明したかったからです。大ニュースが発生した時に街頭などで配られる「号外」は、この号数に含まれないという意味で「号外」と呼ばれるのです。

1面はいわば新聞の「顔」にあたります。ですから、ここにどんな記事が載っているかは、その新聞社の個性や哲学を知る重要な手がかりになります。

まず、トップ記事が何かを見てください。トップ記事というのは紙面の右上に置かれた、最も大きい記事のことです。見出しの文字も、他の記事より一回り大きくなっているはずです。1面のトップ記事は、新聞社がその日に一番重要だと位置付けたニュースです。新聞社では、1面トップ記事を頻繁に書ける人は「優秀な記者」とみなされます。

大事件が起きた日であれば、どのニュースをトップに据えるか迷う必要はありません。しかし、そんなに毎日大ニュースがあるわけではないので、何をトップにするかはしばしば社内でも論争になります。例えば、政治部の人たちが「今日、国会で可決された法案は重要だからトップにすべきだ」と主張しても、経済部の人たちは「うちが独自に取材してつかんだ企業合併の特ダネを優先すべきだ」と言うかもしれません。どの記事のニュースバリュー（価値）が最も高いかを社内で議論して決めるわけです。

こうした議論を経て決まるトップ記事は、新聞社の性格を色濃く反映することになります。「新聞はみんな同じ」という声をよく聞きますが、大ニュースがない日に1面のトップ記事を読み比べれば、全く違うという印象を受けるのではないでしょうか。これは記事の選択基準、言い換えると価値観が社によって異なるからです。

コラム・企画記事など

下の方に目をやると、小さい連載エッセーが目に入ります。朝日新聞なら「天声人語」、読売新聞なら「編集手帳」といった名前が付いています。このコーナーは、その新聞社でとくに文章がうまいシニア記者数人が交代で担当します。各社の看板記事といってもいいでしょう。

このコラムは一般に「起承転結」がはっきりした構成になっており、スピーチや作文のお手本としても、しばしば取り上げられます。人前で話す機会が多い人なら、構成やエピソードの元ネタとして集めておくといいかもしれません。実際、よく見るとコラムの端に小さい字で年月日が記されているのがわかります。これは、保存する人が多いからです。ここだけ切り取っても後で日付がわかるようにしているわけです。

1面の左上に企画記事が載ることもあります。単なるニュースとは異なり、現場の様子を描写した「ルポ」や専門家のコメントなどを盛り込んだ読み物です。こうした企画モノの取材や執筆には、ベテランや精鋭を集めた取材班が当たるのが普通です。ですから、1面企画のテーマを見れば、その新聞社がどのニュースに力を入れて報じているかや、どんな問題意識を持っているかがよくわかります。

1面を読み終える前に、2ページ目以降の記事のラインナップを確認しておきましょう。題字下のスペースなどに、その日の主な記事と掲載ページがまとめられています。最近は、写真付きにするなど、インデックスを工夫する社が増えています。

1面をめくると「中面《なかめん》」が現れます。ページ数の横に面の種類が書いてあります。「総合面」「政治面」「経済面」「国際面」「運動面」「地域面」「社会面」と続き、最後のページが「テレビ欄」になっているケースが多いはずです。間に「生活面」「特集面」「オピニオン面」などが入ることもあります。

面の名称は基本的には掲載されるニュースの分野を示していますが、1面と総合面には、分野に関わりなく、重要なニュースが掲載されます。とくに大きいニュースであれば、1面にメーンの記事、総合面にその解説、さらに関連するニュースが政治面や社会面といったように、複数の面に載ることもあります。それぞれの面の特徴や読み方については後の章で解説するので、ここではざっくりとした紙面構成だけ覚えておいてください。

2　見出しには意味がある

ニュースの「格付け」

記事を読むときにまず目が行くのが「見出し」でしょう。しかし、その「正しい見方」は一般読者にほとんど知られていないのが実情です。

もちろん、何が書かれているか自体は、文字なので読めばだれにでもわかります。しかし、実は「紙の新聞の見出し」には、文字情報以外にも様々な意味が隠されています。

ところで、世の中には色々な「格付け」があります。世界的に有名なのが、レストランの評価を星の数で表した「ミシュランガイド」でしょう。

見出しの種類

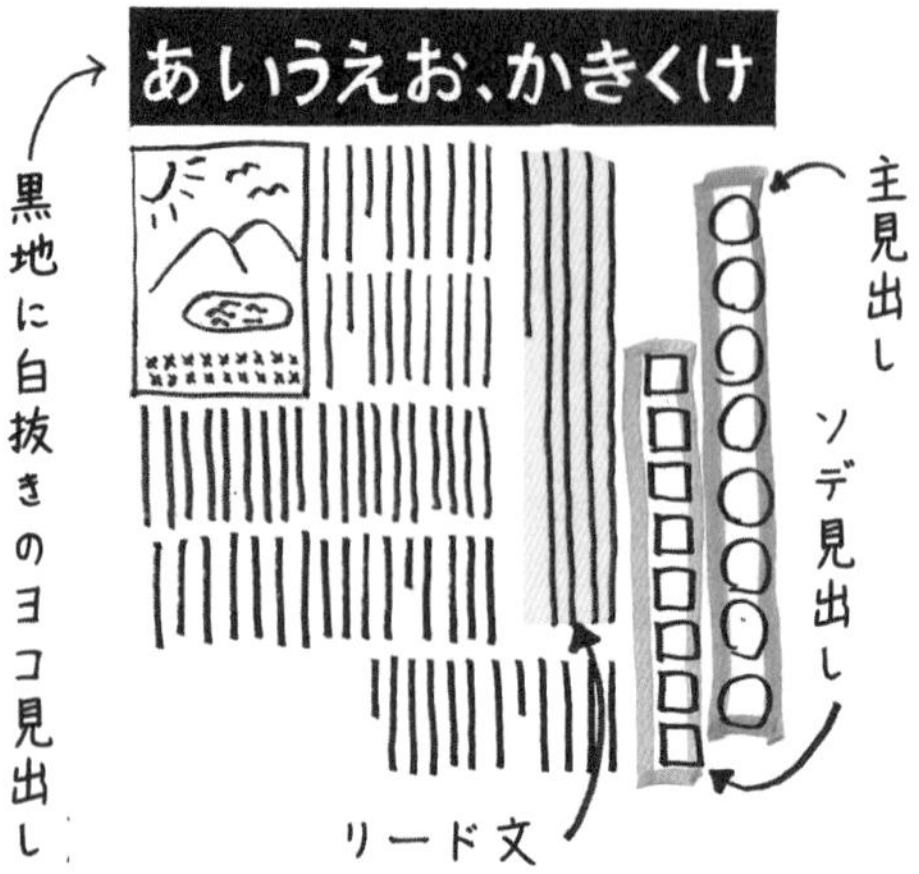

この「星による格付け」はミシュラン以外にも様々なサービスが採用していて、みなさんも一度は利用したことがあると思います。「ぐるなび」もそうですし、「トリップアドバイザー」のような旅行ガイドでもこうした評価方法が導入されています。3～5程度のランクで、ものごとの評価を教えてもらえるというのは大変便利なのです。

実は、新聞のニュース記事にも、これと同じような5段階の評価が明示されていると聞いたら、みなさんは驚かれるでしょうか。星マークこそ付いていませんが、ミシュランガイドと同じように、記事は「重要度1」とか「重要度3」とかいうふうに格付けされ、読者にも一目でわかるように示されています。言い換えれば、すべてのニュース記事に「オススメ度」が表示されているのが、紙の新聞の特徴なのです。

しかし、新聞を読み慣れている人でも、「この記事は2」「この記事は5」などとわかる人はほとんどいないと思います。一方、記者をはじめ新聞を作っている人たちは、常にこの「格付け」を強く意識しています。記事の「格付け」を巡って記者とデスクが大げんかをすることさえ珍しくないのです。

見出しの段数でランクが決まる

もったいぶってしまいましたが、新聞で「星の数」に当たるのは「見出しの段数」です。と、聞いても多くの人はピンとこないかもしれません。手元にある新聞の1面を見てください。改めて観察すると、記事は1行10～13字程度の帯状に組まれています。この帯が、下の広告欄を除いて8～12程度、上から下に段状に重なっているはずです。この帯一つが「段」なのです。

ここで、記事に付けられた縦書きの見出し「タテ見出し」に注目します。一つの記事に複数の見出しがある場合は、最も長いものを見てください。タテ見出しが記事の帯3段にまたがっていたら、そのニュースは重要度が「3」であることを表します(☞)。面の右上にあるトップ記事は最も重要度が高い記事ですから、タテ見出しも最も長く、4段か5段なのではないでしょうか。

ニュースは重要度が高いものから順に、右上から左下に向かって配置されます。このため左下の方には、見出しが「1段」の記事があるかもしれません。こうした1段見出しの記事は「ベタ」と呼ばれ、その面の中では最も重要度のランクが低いことを表します。

一般にタテ見出しは5段が最高ですが、紙面の段数が少ない新聞の場合、見出しを5段にする

タテ見出しの段数

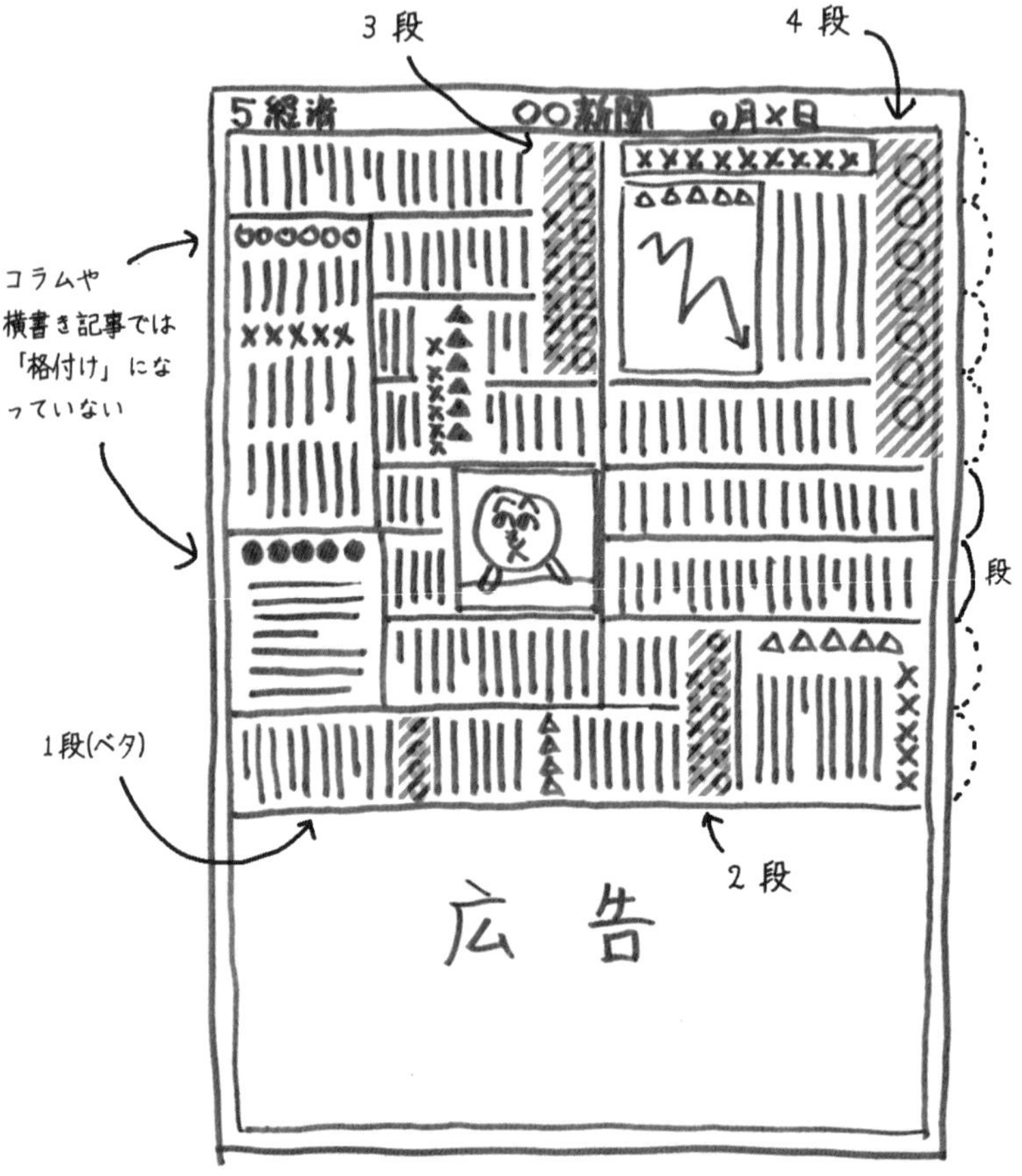
3 段
4 段
5 経済
○○新聞
○月×日
コラムや
横書き記事では
「格付け」になっていない
段
1段(ベタ)
2 段
広 告

とバランスが悪くなってしまいます。こうしたケースでは4段のタテ見出しに加えて「ヨコ見出し」が使われます。厳密な基準はありませんが、ヨコ見出しが付いた記事は、タテ見出しの段数に、さらに「プラス1以上」の重要度があることを表しています。ここでは「タテ見出しに加え、ヨコ見出しまで付いた記事は重要度5以上」と覚えておけばいいでしょう。

読者の多くは、これまで漠然と「長い記事だから長い見出しがついているのだろう」と考えてきたのではないでしょうか。しかし、この「格付けのルール」を知った上で紙面を観察すると、見出しの長さと記事の長さは必ずしも比例していないことがわかるはずです。

実際、本文が短い割に長い見出しが付いている記事を見かけることがあります。頻繁にお目にかかることはありませんが、例えば15〜20行くらいしかない記事なのに、見出しが3段立っているようなケースです（見出しは業界用語では「立つ」「立てる」と表現します）。

当然、かなり縦長のレイアウトになります。記事は1段が5〜6行しかないはずです。事情を知らない人が見ると「紙面が混んでいるのでたまたまそうなっただけだろう」と思うでしょうが、そうではありません。「このニュースは重要度3だ」という判断がまずあって、それを表すために、わざわざ縦長のレイアウトで記事を組むことで「3段の見出し」を立てているのです（☞）。

こうしたケースは、ニュースが締め切り直前に飛び込んできた場合などに生じます。例えば、重要なニュースの第一報が締め切り30分前にもたらされたとしましょう。編集作業を考えると、記者が原稿を書くのに与えられた時間は、10分もありません。経験が浅い記者であれば15〜20行書くのがやっとでしょう。

もちろん、重要ではないニュースであれば見出しが1段の「ベタ」で処理すればいいだけの話です。それなら10～15行もあれば十分です。ところが重要なニュースであることもあります。その場合は、記事のレイアウトを工夫することでニュースの重要度に応じた段数にするのです。

欧米の横書きの新聞と異なり、日本の新聞は記事がモザイクかジグソーパズルのように複雑に組み合わさっています。どうしてこんなゴチャゴチャした紙面にするのか不思議に思っている人も多いでしょうが、実は見出しに格付けの意味を持たせるためにこうしたレイアウトにしているのです。また、この格付けがあることで、一目でニュースの重要度が判断でき、紙面の拾い読みが効率的にできるのです。

「超弩級」ニュースの見出し

ニュースの重要度が「段数」で表されていることを知らなかった人でも、見出しの「大きさ」「太さ」が重要度とほぼ比例していることには気づいていたはずです。紙の新聞の見出しは、細かい法則を知らなくても、直感的にこうした判断ができるように工夫されているともいえます。

例えば、見出しには、普通の活字だけで構成されているものと、背景に装飾（地紋）をつけたものの2種類があります。後者は「カット見出し」と呼ばれ、記事を印象付けるときに使います。事件の疑惑が深まったことを報じる記事で、渦巻きのような模様を背景にしたカット見出しを見たことがあるかもしれません。これもモヤモヤした感じが読者に伝わるようにしているのです。
こうした装飾付きの見出しの中で、最も「重い」とされるのが「黒地に白抜きのカット見出し」です(☞)。大ニュースの場合、字体はゴシック体が使われることが多く、理屈抜きでニュースの衝撃の大きさが伝わるようになっています。

２０１４年の過去記事を調べてみると、全国紙朝刊の1面トップが「ヨコ見出し、黒地に白抜き」だった日は数%でした。おそらく２０１５年は安保法案やノーベル賞をめぐる報道などの影響で、もっと多いはずです。このように年によって頻度は変わりますが、一般的には「月に1回あるかどうかの大ニュース」で使われる見出しだと考えていいでしょう。

では数年に1回あるかどうかの「超弩級ニュース」だと、どんな見出しになるのでしょう。これは東日本大震災の翌日の紙面を見ればわかります。「黒地に白抜き、ゴシック体のヨコ見出し」は当然ですが、さらに、見出しの縦幅が通常より太くなるのです。一般に、年に1回あるかないかの大ニュースでも、ヨコ見出しの縦幅はせいぜい1段分です。これが1段を超えてしまうので「2段ぶち抜き」などと呼ばれます。

このように見出しの世界は奥が深いのですが、記事の重要度を判断する上では、

・段数……1～5段
・ヨコ見出しがつく……大ニュース
・ヨコ見出しが黒地に白抜き……月に1度あるかどうかの大ニュース

・ヨコ見出しの太さが1段以上……特大ニュース

という4つの要素を基準に判断すれば、十分だと思います。基本的には5段階の格付けで、「重要度5」についてはさらに上の「超弩級」がある、というイメージです。

タテ見出しは1本だけのこともありますが、トップ記事など大きな記事では複数に分かれています。最も大きいのが「主見出し」で、「格付け」の意味を持っていることは説明しました。その左横にある少し活字が小さい方を「ワキ見出し」「ソデ見出し」などと呼びます。ただし、こうした呼び方は新聞社によって異なります。見出しは複数が一体となって記事の内容を要約しています。見出しを読めば、本文を読まなくても概要が理解できるようになっているのです。新聞では、見出しそれ自体が「読み物」だといっていいでしょう。

ネットニュースの見出し

これは当たり前のようですが、新聞を紙で読む場合と、ネットで読む場合で大きく異なる点の一つです。もちろんニュースサイトの見出しも、ある程度は記事の要約になっているのが普通です。ただ、ネットの場合はクリックが増えるほど広告収入が増える仕組みなので、見出しも読者にクリックさせる役割が重視されます。このため、見出しを読んだだけでは肝心なところがわからないよう、あえて内容を「小出し」にしているケースもあるのです。

みなさんも、見出しに興味をそそられてクリックしてみたものの、期待したような内容ではなくて、「騙された」と思った経験があるのではないでしょうか。こうした本文と中身が一致していない見出しは、紙の新聞では「カラ見出し」などと呼ばれ、原則としてつけてはいけないことになっています。記事を書き直したときに見出しの側を修正するのを忘れて起きる「ミス」なのです。

では、見出しの段数、つまり記事の重要度の判断はどのように行われるのでしょう。「ミシュランガイド」や「ぐるなび」のような料理の評価と同様、ニュース価値の判断は、客観的な基準を設けにくい世界です。ミシュランは料理の評価について、最高の3つ星であれば「そのために旅行する価値がある卓越した料理」と表現しています。ただ、これだけ読んでも基準はよくわかりません。当たり前ですが、ある料理が「どれだけおいしいか」は客観的に分析することは難しいからです。

それでも私たちがミシュランの星を当てにするのは、「料理に詳しいプロが評価している」という信頼感があるからです。

新聞社のニュース格付けについても、同じことが言えます。「紙の新聞」は、いわばミシュラン式で、「プロの目利き」がニュースを格付けしている点に価値があります。新聞社で記事の格付けを担当している人たちは、長年、国内外の様々なニュースを見てきたプロです。第一報を聞いた時、それがどれくらい珍しい出来事なのか、社会全体にどれほどのインパクトを持つのかなどを、自分自身の知識や経験から瞬時に判断する修行を積んでいます。

一方、ニュースサイトの「アクセスランキング」は、ぐるなび式です。たくさんの読者の「平均的な嗜好」が反映された格付けだからです。「この記事を読んだ人は、こんな記事も読んでいます」と、おすすめ記事が表示されることがありますが、これも同じ考え方だといえるでしょう。

もちろん「ミシュラン式」と「ぐるなび式」の、どちらがいいかは一概にいえません。

見出しとリードで速読する

朝刊は忙しい時間帯に読む人がほとんどでしょう。しかしその情報量は新書一冊分にも相当し、限られた時間で全てに目を通すのは不可能です。効率的に読むにはどうすればいいのでしょう。

実は本文を読まなくても、見出しだけ読めば、その日にどんなことが起きたのかがざっくりわかります。すでに述べたように、記事の置かれた場所や見出しの大きさ、段数、装飾などによって、ニュース価値の軽重も推測できます。

紙面を1面から順にバサバサと繰っていき、主な見出しを拾い読みしただけで、その日の重要ニュースが何で、政治、経済、社会などの各分野で何が起きているのかを、ざっくり理解することができます。朝刊は30～40ページですが、これなら10分程度で終わるでしょう。

見出しを読んで、もう少し詳しく内容を知りたいと思った場合は、まず「リード」だけ読みます(☞)。詳しくは後の章で説明しますが、記事の最初の一段落がこれに当たります。各面のトップ記事では最初に本文と独立して置かれます。原則としてここを読むだけで、「いつ、どこで、だれが、何を、なぜ、どのように」という、おなじみ「5W1H」がわかるようになっています。

つまり、最低限、このリードだけ読んでおけば概要がつかめるのです。

読むスピードは人によって異なるでしょうが、毎分800字のペースで読んだとしても30分で2万4000字。トップ記事は1000字くらいなので、20本は読める計算です。ざっと見出しだけ見て、関心を持ったらリードを読み、さらに詳しく知りたいと思ったときだけ本文を読み進めれば、全ての面に目を通したとしても、時間はかなり節約できます。

もっとも、新聞を読み始めた当初は、こうした効率的な読み方はできないと思います。どの面に何が書いてあるのかわかりませんし、どの記事が重要なのかも感覚的に判断することは難しいでしょう。でも、1ヵ月も続ければかなり速く読み進めることができるようになるのではないでしょうか。要は慣れの問題なのです。

コラム：メディアリテラシーの原風景

私には、「メディアリテラシーの原風景」とも言うべき記憶があります。

1992年、大学受験に失敗した私は、郷里の広島を離れて親戚が多い関西を放浪していました。文字通り浪人していたのです。念のために言い添えておくと、受験生は放浪などせずにきちんと勉強するべきだと思いますが、当時の私にはそういう分別がなかったのです。

それはさておき、ある日、私は神戸市の図書館で、新聞閲覧コーナーに立ち寄りました。前日にＰＫＯ協力法案が採決されたので、その記事を読もうと思ったのです。

実家でとっていたのは朝日新聞でした。前年の１９９１年には、湾岸戦争が終結したペルシャ湾に自衛隊の掃海艇が派遣され、大きな論争を巻き起こしました。当然のことながら朝日新聞はこの派遣に批判的でしたから、私もそれを読んで世論はだいたいそうなのだろうと思っていました。

ところが、各紙を読み比べて、私は仰天しました。朝日新聞は想像通り、この「強行採決」を批判していました。国際貢献は必要だが自衛隊とは別の組織を作って派遣すればいいではないか、というわけです。毎日新聞はさらに踏み込んで「憲法違反だ」と断じています。当時の私の相場観では、朝日新聞が国民の平均的な理解のように見えました。

ところが読売新聞を見ると、ＰＫＯ法案の可決は当然であり、むしろ遅きに失したと書いてあります。日本は国際平和のために「汗を流すべきだ」と、当然のように書いてあるのです。反対するのは「一国平和主義」であり、無責任だと批判しています。私は朝日新聞とのあまりの違いに驚きました。

しかし、驚くのは早すぎました。産経新聞の社説を見ると、「国際貢献は、金を出し、『汗をかく』だけでことたれりというわけにはいかない」と書いてあったのです。ＰＫＯは終戦後に行うとはいえ高いリスクがあり、犠牲者が出る可能性が高いとも書いています。「国民はそろそろ『平和』が『危険』と隣り合わせ、時には犠牲が出るのはやむを得ないという冷厳な事実を自覚してもよい時期ではなかろうか」と主張していたのです。

これには驚きました。世の中に「汗を流すべきだ」という声があることは知っていたし、理解もできます。しかし、まさか血を流して当然だと紙面で堂々と主張する新聞があるなんて、想像もしていなかったのです。

私は実家にいるとき、地元紙の中国新聞はときどき読んでいました。朝日新聞と中国新聞を読む限りにおいては、論調にここまで大きな差はありません。ですから、新聞というのはだいたい同じようなものだと、無意識に信じ込んでいたのでしょう。ところが、実際に4紙を読み比べると全然違うのです。「自分はもしかすると、報道というものについて大きな誤解をしていたのかもしれない」。頭を殴られたような衝撃をもって気づいたのはこのときでした。

大学に入ったとき、私がとった新聞は日経と読売でした。日経は私が経済学部生だったからという単純な理由なのですが、読売をとることにしたのは、読みなれた朝日とは違う論調の新聞を読むことでバランスをとっておく必要がある、と感じたからです。神戸の図書館での出来事は、私にとってそれくらい衝撃的でした。

ポイント

1面は新聞の「顔」。ここは新聞の個性や哲学を知る手がかりである。

記事のタテ見出しの長さは、5段階に分けられ、それが「格付け」になっている。

見出しを読めば本文を読まなくても概要が理解できる。見出しそのものが「読み物」の性格を持っている。

同じ新聞の記事でもネットと紙は異なる。紙面の見出しは、それだけ読めば要旨がわかるのに対し、ネットはクリックを誘うように書かれている。

第2章

記事の中身を読む

紙面の構成や、見出しの意味について大まかに摑んだので、次は記事の中身を読んでいきます。新聞の文章は、忙しい読者が効率よく情報を得られるよう、表現や構成の面で様々な工夫が凝らされています。全国紙から地方紙まで共有されている定型表現も重要です。そうした表現の意味を正確に理解すれば、ニュースの進捗状況から、記者が自信を持って記事を書いているのかまで、より深く記事を読み解くことができます。

1 記事の種類

記事の大きさと位置による分類

一口に新聞記事といっても様々なタイプがあります。分類の方法にもいろいろありますが、大きさや形に注目すると、次の2つに分けられます。

大きさと紙面上の位置による分類＝トップ（アタマ）、サイド（カタ・ワキ）、段モノ、ベタ、短信

記事の形式による分類＝コラム（囲み、小囲み）、雑報スタイル、一問一答（Q＆A）

まず、大きさと紙面上の位置による分類について説明しましょう。

あるページの中で最も重要なのがトップ記事です。社会面、政治面、経済面といったそれぞれ

記事の位置と種類

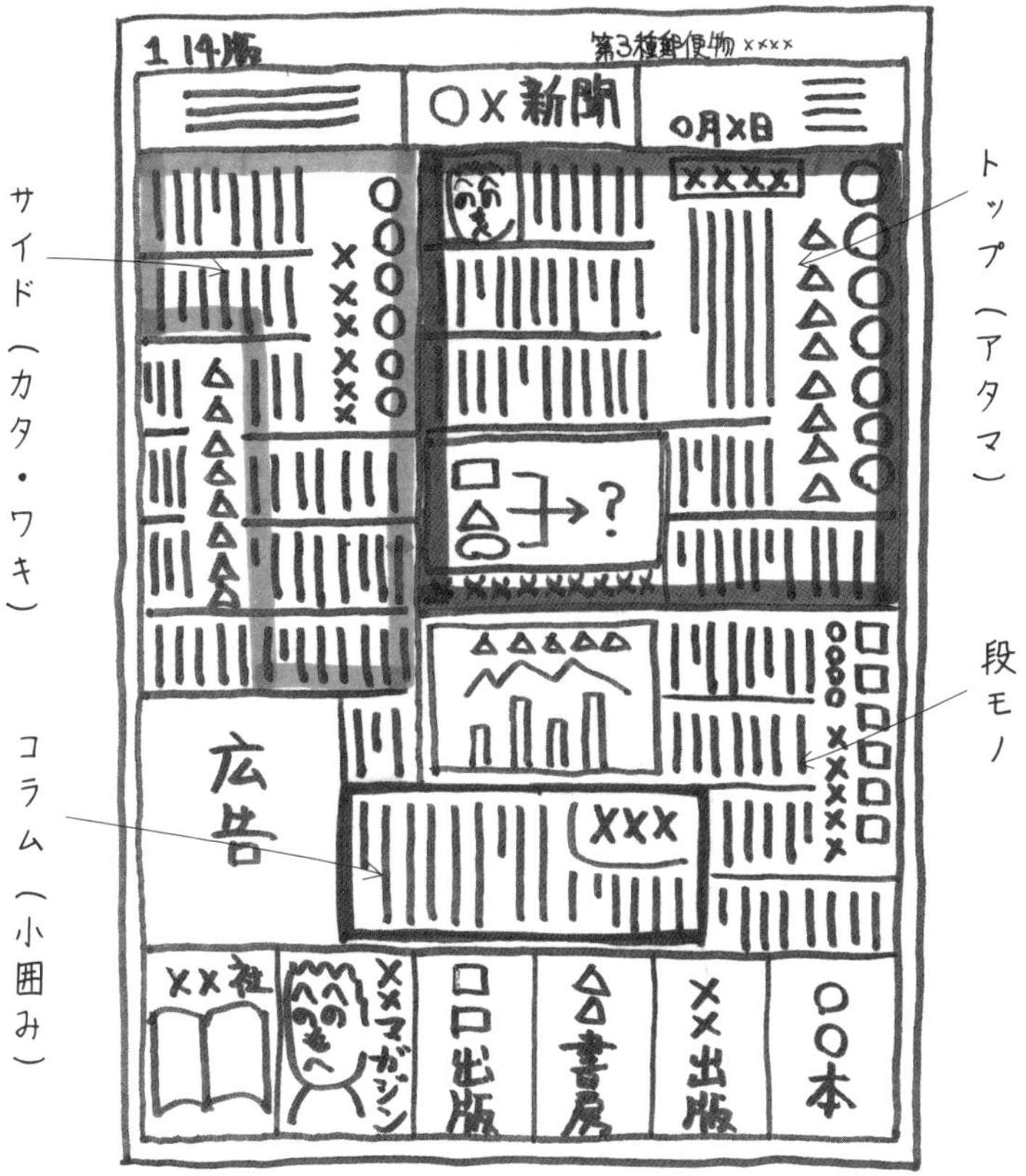

の面にトップ記事があります。1面はすべてのページの中で最も重要度が高いので、「1面のトップ記事」は、その日の最重要ニュースという位置付けになるわけです。

2番目に重要な記事は「カタ」「サイド」などと呼ばれます。トップの隣、1面であればその左か左下の位置に置かれます。ただし、新聞社によって呼び方や優先順位は多少異なります。ちなみに日経新聞の社内では、トップを「アタマ」、サイドを「ワキ」と呼びます。

サイドは、トップを補足する目的で置かれることもあります。この場合、トップの記事を「本記」と呼び、サイドはその内容を受けて書かれた「付属品」という位置付けになります。例えば「日本人がノーベル賞を受賞した」という本記に、受賞者の人となりや受賞までの道のりなどを「サイド」でつけるわけです。こうした記事は「サイドストーリー」とも呼ばれます。

このように新聞紙面では、何本かの記事を組み合わせることでニュースを多角的に掘り下げるという手法がよく使われます。例えば「本記」があって、「サイド」があって、記者会見での一問一答や用語解説が載る、といった形です。これもニュースサイトで新聞を読む際に気をつけなければならない点です。ネットではこうしたひとまとまりの記事群を、バラバラにして流すケースが多いからです。

紙面上では、ひとまとまりの記事を右上から左下にかけて順番に読めば、ニュースの概要から背景まで、スムーズに頭に入ってくるように構成されています。同じ紙面に置くので、それぞれの記事に盛り込まれる事実や解説は、なるべく重複しないように書かれています。

ところが、ニュースサイトでは、その一部しか流していないというケースがあります。例えば本記だけ流してサイドを流さなかったとしましょう。ある情報がサイド記事の方に入っていた場合、ネットでは読めないことになります。

新聞社が自社サイトに全ての記事を掲載したとしても、複数社のニュースを集めたキュレーションサイトで読む人は、読売新聞の本記と、朝日新聞のサイド記事を併せて読む、ということが起こり得ます。すると情報の重複ばかりが多くて、重要な情報が抜け落ちる可能性もあるのです。

実際、ネットでニュース報道についての書き込みを見ていると、「○○新聞は重要なポイントを書いていない」「事実の隠蔽《いんぺい》だ」といった批判を見かけます。しかし紙面で読むと、「隠されている」とされている事実がちゃんと書いてあることが少なくありません。

トップやサイド以外のニュース記事は、一般に「段モノ」と呼ばれます。「3段の見出し」「2段の見出し」といった風にタテ見出しの長さで重要度が区別されるからです。

見出しが1段の記事はすでに述べたように「ベタ」と呼ばれます。このうち、本文の活字の大きさが、他より一段階小さい記事は「短信」と呼ばれます。「ベタ」よりさらに1ランク下という位置付けで、あまり重要ではない行事や、政府や企業などの発表をごく短く伝えるものです。最近は、短信だけ横書きで組む新聞も増えています。

記事の形式による分類

次に、記事の「形式」による分類を覚えておきましょう。

正方形や長方形の枠で囲まれた記事を「コラム」と呼びます。新聞では、このうち比較的大きなものを「囲み」、小さいものを「小《こ》囲《がこ》み」と呼んで区別しています。例えば、各面の左肩には不定期で企画記事が載ります。こうした記事はたいてい１００行前後と長いので「小囲み」ではなく「囲み」です。一方、定義があるわけではありませんが、大きさが1～3段くらいのコラムを「小囲み」と呼びます。なお、コラムに対して、一般的なニュース記事の形式は「雑報スタイル」と呼ばれることもあります。

コラムは単純な事実報道（ストレートニュース）ではなく、「読み物」であることを示しています。例えばニュースにまつわるこぼれ話や、ニュースの背景をルポルタージュ（現場の描写）を交えて掘り下げる企画記事などでよく使われます(☞)。このため、コラムにはニュースと異なり「見出しによる格付け」が適用されません。必ず見出しはついていますが、それがヨコ見出しであろうが、何段であろうが、格付けとしての意味は持たないのです。

ストレートニュースを小囲みにすることもないわけではありません。ただ、これも「ちょっと面白い話」である場合に使われる手法です。長々と解説をつけて大きな見出しを立てるほどのニュースではないものの、話題性があるので枠で囲むことで目立たせるわけです。

最近では、福山雅治さんと吹石一恵さんの結婚を報じる記事を、全国紙が社会面の小囲みにしていました。スポーツ紙ではないのでトップや３～４段の記事にするわけにはいかないものの、話題としては大きいので枠で囲ったのだと考えられます。一方、各社とも自社のニュースサイトではもっと目立つ扱いをしていました。こうした記事の扱いでも紙面とネットに差が出ます。

コラムと同様、ストレートニュースではないものにインタビュー記事があります。記者の質問に、相手が答えるという形式です。答える側は一般に政治家など実在の人物ですが、解説記事では架空の質問者と回答者を設定し、やり取りを「Ｑ＆Ａ」形式で書くこともあります。

用語解説も記事の一種で、専門用語などが出てきた場合、本文に付属する形で掲載されます。こうした記事は「とはモノ」といいます。実際に「～とは」という書き方はしませんが、説明書きであるという意味でこう呼ばれるのです。

大きさや形の違いは見ればわかるのですが、記事を読む際にはニュースソースや取材方法による違いに注目することも重要です。次に、こうした点から記事を分類してみましょう。

ニュースソースや取材手法による分類

その新聞社による単独の取材に基づいており、その日の段階では他紙に出ていない記事は「独自モノ」「独自ダネ」と呼ばれます。その新聞だけで読めるニュース、ということです。こうした「独自モノ」の中でも、とくに社会への影響が大きいものが「特ダネ」「スクープ」です。特ダネは基本的にはページのトップかサイドに掲載されることになります。特ダネの中でもとくに重要なものは1面トップ、黒地に白抜きのヨコ見出しで報じます。

もちろん、新聞が1面トップ、ヨコ見出しで報じれば自動的にスクープだとみなされるわけではありません。特ダネか否かの境界線をどこで引くかは難しい問題ですが、「他紙やテレビなども大きな扱いで追いかけざるを得ない」ことが一つの目安になるでしょう。

独自ダネの中でも、記者が警察や役所などの外部組織に頼らず、自ら発掘したニュースを報じることを「調査報道」と呼びます。例えば警察や検察が政治家の汚職を捜査していて、記者が逮捕が近いことを嗅ぎつけて報じれば「スクープ」になります。ただ、このケースでは汚職を見つけたのは記者ではなく、あくまでも捜査当局です。これに対し、記者自身が独自の分析や取材によって汚職の事実を摑《つか》んで記事にするのが調査報道です。

こうした「捜査」に近い調査以外にも、独自の現地取材や文献調査などによって、世間に知られていない社会的な問題を浮き彫りにするのも調査報道の一種と言えます。例えば、情報公開請求によって政府から取り寄せたデータを独自に分析することで、政策の隠れた問題点を指摘するといったケースが考えられます。

調査報道によるスクープは、ジャーナリズムの世界では最高の評価を受けます。再び汚職の例で言えば、捜査当局がすでに動いている場合は、放っておいても政治家は逮捕され、事実は明るみに出ます。しかし、調査報道で明らかになるケースでは、報じられなければそのまま汚職の事実は闇に葬られるかもしれないからです。

独占インタビューも、「独自モノ」の一種です。インタビューの相手が大物で、滅多にマスコミに登場しないようなケースは「スクープ」に近い評価を受けます。もちろん、会話の中で重要かつ新しい話が出てくれば、そのまま特ダネになります。例えば政治家が政策の変更を表明したりすれば、それ自体がストレートニュースになるでしょう。その場合は、一問一答スタイルのインタビュー記事とは別に、雑報スタイルで報じることもあります。

一方、単独取材ではなく複数社が同時に報じるニュースは、「独自モノ」に対して「共通モノ」「共通ダネ」と呼ばれます。オリジナリティが低い分、記事としての価値や評価は低くなります。

共通モノの中でも、企業や役所などがプレスリリースや記者会見を通じて公表したものを「発表モノ」といいます。新聞はこうした発表モノばかり載せているではないかという、「発表ジャーナリズム」批判がありますが、記者の世界でも評価されません。

記者としては、「発表モノ」であっても、なんとか付加価値をつけたいところです。こうした場合に使うのが、似た事例を集めて一つの記事にする「傾向モノ」「まとめモノ」と呼ばれる手法です。例えば、食品メーカーが3～4社、値上げを発表したとします。それぞれはせいぜいベタか段モノのニュースですし、書いても発表処理なので評価されません。そこで、「最近、食品の値上げが相次いでいる」という「まとめモノ」に仕立てるわけです。

意外性があって面白いまとめモノは、世間で話題になって他紙も同様の記事を書かざるを得なくなります。こうした記事では、なぜそのような現象が起きるのかといった背景も解説するため独自性や付加価値が生じますし、バラバラのニュースの共通性に気づくセンスも必要とされます。このため、反響が大きければスクープ並みに評価されることもあります。

新聞社や記者にとってまとめモノが重要なもう一つの理由は、紙面を埋めるのに都合がいいという点にあります。長い記事にしやすく、「腐らない」からです。大事件や特ダネは、そう頻繁にあるものではありません。しかし政治面、経済面、社会面といったそれぞれのページには、毎日トップ記事が必要です。新聞は、どの面にも必ず「トップ」と「サイド」があり、残りを「段モノ」「ベタ」などで埋めるという構成になっているからです。

そこで、大きなニュースがない日には、まとめモノをトップに据えることになります。事件や災害などのニュースはすぐ載せなければなりませんし、特ダネも先延ばしすると他紙に追いつかれてしまいます。しかし、まとめモノであれば、事件や特ダネがない日のために温存しておけるのです。

こういうわけで、ニュースがない日の翌日には、たいていトップにまとめモノが載ることになります。実際、月曜の朝刊の1面トップを見ると、かなりの確率で「まとめモノ」になっています。土日は休んでいる記者が多いうえ、取材先も休みに入っていて特ダネが取りにくいからです。

2　リード文に注目する

「スクープ」の表現

すでに述べたように、ニュース記事は第1段落が必ず「リード」になっており、全体を要約しています。記事を読むうえで極めて重要なのが、このリード文で使われる、新聞独特の表現です。この部分に注目すると、「これはスクープを狙った記事だな」とか、「まだ結末がどうなるか微妙な段階で書いているな」といったことがわかるからです。実際、記者が他社の記事を読むときには、この部分に注目します。なかでも必ず知っておきたいのが、スクープ記事でよく使われる定型表現です。

スクープとは、大ニュースを最も早く報じることです。ニュースを他紙より先に報じるには、当事者が発表する前に記事を書くことが前提になります。記者会見やプレスリリースの後では、同着になってしまうからです。

一般に、役所や企業などが記者会見やプレスリリースを通じて何かを発表するのは、内容が正式に決まった直後です。例えば上場企業であれば、取締役会で事業の内容を正式に決めた後で公表することが多いでしょう。同様に、役所や政党でも、発表される政策などを正式に確定する手続きがあります。それを経て広報担当者が世間や報道陣に知らせるのです。こうした手続きが終わるのを待っていると、他紙を出し抜くのはまず無理です。言い換えると、スクープ記事は「正式に決まる前」に書く必要があるわけです。

では、スクープするにはどの段階で記事を書けばいいのでしょう。大企業の合併を例に説明しましょう。

一般にM&A（合併・買収）が実現するまでには数ヵ月、場合によっては1年以上の時間を要します。最初は、例えばA社の社長が、B社の社長を秘密裏に会食に招待し、その場で合併を打診するといったケースが考えられます。この非公式なトップ会談で、お互いに合併の可能性を探るという合意がなされるのです。ただし、この段階では、トップ同士が個人レベルで「合併の可能性を探ることを決めた」だけです。

次に、A社とB社は守秘義務契約を結び、水面下で交渉に入ります。この段階になると、それぞれが銀行や証券会社などから助言を得ながら検討を進めます。営業免許などが必要な業界の場合は、監督官庁から合併後の認可を得るために、事前の根回しもします。

こうした段階をへて、両者が合併の実現可能性が高いと判断すれば、それぞれが取締役会での決定後、正式な合併条件の詰めに入るという「基本合意」をします。企業が記者会見するのは一般にこの「基本合意」の段階です。この段階では新社名などは決まっていないこともあります。その後、交渉によって細かい条件が決まったら、「最終合意」や株主総会での決議を経てA社がB社の株式を買うなどして、合併が実現するのです。

このケースで、記者にとって最初のチャンスは、Ａ社とＢ社が水面下で話し合いを始めた段階でしょう。しかし、この段階では「Ａ社とＢ社が合併を考え始めた」という事実しかありません。両社が示す条件によっては白紙になりますし、合併後の会社が業界のなかで独占的シェアを持つ場合、公正取引委員会が認めない可能性さえあります。

ただ、２社が合併する可能性を探っているのは事実です。そこで記者は、「Ａ社とＢ社は合併する方向で検討に入った」という表現で記事を書き出すのです。

これでおわかりのように「～の方向で検討に入った」という表現が使われるのは、かなり流動的な要素が残っている段階です(☞)。実際、同じ記事の中で「Ａ社とＢ社の間では合併条件を巡ってなお隔たりがあり、交渉が難航する可能性もある」などと、先行きが不透明であることを明記する場合もあります。こうした「ただし書き」がたくさんある記事は、案件がかなり生煮えの段階で書いていると思っていいでしょう。

それでは、もう少し検討が進んだ段階で記事を書くときにはどのような表現が使われるのでしょう。交渉を進めてみて、合併の具体的な形が見えてきたとしましょう。両トップとも、基本合意にこぎつける自信を深めています。この段階で記事を書くとすれば、「方針を固めた」でしょう。つまり、「Ａ社とＢ社は合併する方針を固めた」と書くわけです。

細かい点が煮詰まってきて、まもなく基本合意の手続きができるという段階まで来ると、「最終調整」という表現を使うこともあります。「Ａ社とＢ社は◯日に基本合意する方向で最終調整

リード文の表現（合併交渉の場合）

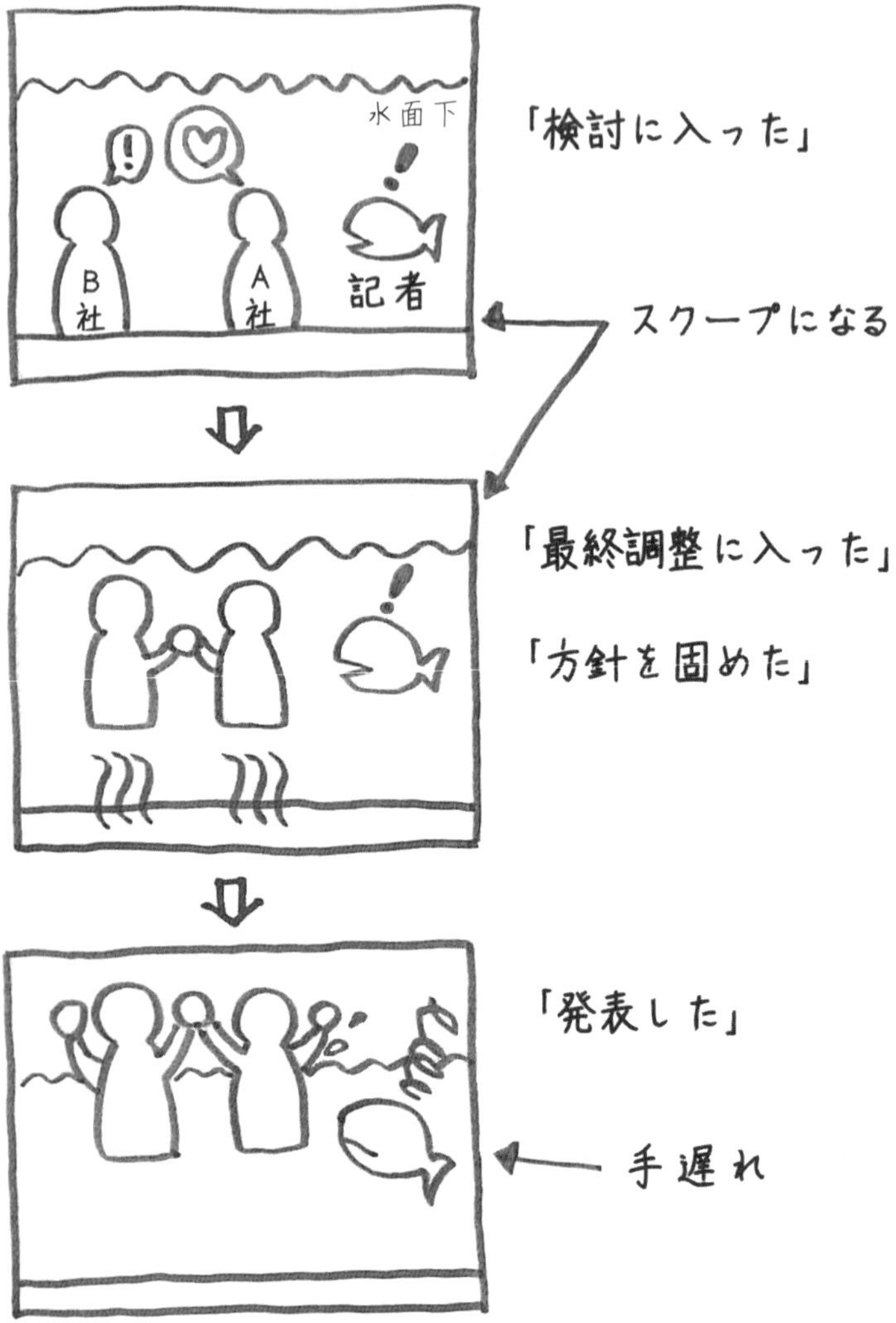

している」などと書くわけです。この表現には、組織として決定する手続きは残っているし、細かい点でいくつか詰めなければならないことはあるものの、ほぼ全容は固まっているというニュアンスが込められています。基本合意の直前で、記者も取材内容に自信を持っている場合は、さらに断定調で書くこともあります。「A社とB社は○日にも合併について基本合意する」といった感じです。

スクープを逃した側の表現

こうした表現は、1面トップなどのスクープ記事によくみられます。では、逆にスクープを逃した側の新聞社はどういう表現を使うのでしょう。

他紙のスクープを後から報じることを、新聞業界では「追いかける」といいます。「後追い記事」「追っかけ記事」などと呼ばれ、記者としては一番書きたくない原稿です。他紙が特ダネを放った場合、その分野の担当記者はすぐにその内容の真偽を取材で確認します。その結果、他紙が書いた内容が正しいとわかった場合、すみやかに記事を掲載しなければなりません。

実は、こうした後追い記事では、「～であることが○日、わかった」という表現がよく使われます(☞)。厳密に言えば、「ライバルの○○新聞が報じたのでわかった」のですが、日本の新聞はそうは書きません。ただ、「わかった」と書くのです。例えば、先ほどのM&Aの記事を追いかけるケースなら、「A社とB社が合併する方針を固めたことがわかった」といった具合です。

もちろん、これにも例外はあります。「わかった」と書いているからといって、全てが後追い記事とは限りません。とくに「捜査関係者への取材でわかった」「○○新聞の調査でわかった」などと、わざわざ情報源に触れている場合は、独自記事の可能性が高いとみていいでしょう。

ただ、こうした表現を見かけたら、先に他のメディアが報じているのではないか、と疑ってみましょう。例えば記事に出てくるキーワードをグーグルニュースで検索すれば、複数のメディアの記事が示され、一緒に「○時間前」などとネットにアップされた時期も表示されます。全てがそうだとは限りませんが、ネットに最も早く流した社がスクープした可能性が高いわけです。

このように、リード文の表現を注意深く読めば、報じられている案件の進捗状況や、どの新聞社がスクープしたかなど、多くの情報が得られることがわかっていただけたと思います。例えば「～の方向で検討に入った」という記事なら、まだ結末がどうなるかわからないと考えた方がいいし、断定調の記事であれば、その新聞社はかなり詳細な情報を握ったうえで書いており、実現性も高いと判断できるのです。

3　主語に注目する

「ニュースソース」は誰か

記事には「５Ｗ１Ｈ」が含まれていますが、その中で意外に読み飛ばされているのが「Ｗｈｏ

(だれが)」ではないでしょうか。

新聞記事のWhoで重要なのは、「当事者」「取材源」という二つの要素です。当事者とは、殺人事件でいえば容疑者や被害者、捜査員などです。しかし、記事を読み解くうえでは、「当事者が誰か」と同じくらい、「誰がニュースソースなのか」も重要になります。記者は必ず何らかの情報源から話を聞いて原稿を書くわけで、それが誰かということは内容の信頼性や、政治的なバイアスを判断するうえで極めて重要だからです。

問題は、日本の新聞では情報源の匿名性がかなり高く、一定の知識を持っていなければ読者にはわからなくなっているということです。政治記事を読んだことがあれば、「政府首脳は○日、記者団に対し『×××』と語った」という記事を見たことがあるのではないでしょうか。この場合の「政府首脳」は、「当事者」であると同時に「情報源」でもあるわけで、これが誰かを知ることは記事の信頼性や発言の意図を探るうえで非常に重要です。

多くの人は、「ああ、政府のエライ人が何かしゃべったんだな」と、正体についてあまり詮索せずに読み飛ばすかもしれません。もちろん「政府のエライ人」でも記事の大意は理解できるし、それで十分だという人もいるでしょう。しかし、これが「首相」なのか「大臣」なのか「どこかの省のトップ」なのかで、語った内容の重みや政治的ニュアンスは全く変わってきます。もし「政府の次の動きを予測する」といった目的で記事を読むのであれば、もう少し突っ込んで検討する必要があるでしょう。

結論から言えば、「政府首脳」が誰だったのか、この記事だけでは特定できません。そもそも「一人に絞り込めないようにする」ためにこうした言葉の使い方があるわけで、当然でしょう。ただし、7~8割以上の確率で、これが「官房長官」であると言うことはできます(☞)。実は、新聞記事にしばしば登場する「政府首脳」は官房長官のいわば符丁であることが多いのです。

官房長官という役職は、新聞記事ではよく「首相の女房役」などと説明されます。首相（新聞では総理大臣をこう表記します）は大臣の集まりである内閣のトップ、つまり国の行政機関の頂点に立っています。それを補佐するのが「内閣官房」で、官房長官とはこの組織のトップです。ただし、「政府首脳」だけでは、厳密に言えばその上にいる「首相」である可能性も排除できません。実際、政権の性格によって比率は異なるものの、1~3割程度は「政府首脳」の正体は首相なのです。

だから万が一、報道の結果「官房長官がそんな発言をするなんてけしからん！」という声が国民から沸き起こっても、政府は「官房長官はそんなこと言ってませんよ」とごまかすことが可能です。読者が新聞社に「これって官房長官の発言ですよね」と問い合わせても、「取材源については絶対にお答えできません」と言われるだけです。これは「取材源の秘匿」と呼ばれるルールで、記者は逮捕されたり裁判にかけられたりしても、取材源を明らかにしてはいけないことになっています。これが業界の「掟」であり、記者になると最初に申し渡されるルールです。

「オフレコ」の意味

ではなぜ、記者は「官房長官」「首相」と書かず、「政府首脳」と書いたのでしょうか。このケースは、発言が「オフレコ」だったことを意味しています。オフレコとは「オフザレコード」、つまり記者が「記録しない」という約束をする代わりに秘密や言いにくい本音を話してもらうという取材方法です（☞）。

この逆の「オンレコ」である記者会見などでは、記者はメモをとったり録音したりします。テレビで中継したり、写真を撮って紙面に掲載したりすることも可能です。しかし、オフレコ取材では、記者はその場でそうした記録行為をしてはいけないルールです。ほとんどの場合、取材が終わってから記憶を頼りに備忘録のようなメモを作りますが、その場で話を聞きながら記録してはいけません。その人が喋ったという決定的な証拠は残さない条件で、話を聞くわけです。

オフレコ取材では、話した本人（情報源）が誰なのかを記事に書くことはできません。ただし、当事者と事前に約束しておけば、主語を「政府首脳」「同社幹部」「関係者」など特定されない形にして記事にすることはできます。

実は、記者会見やインタビューなどを除けば、記者の取材の半分かそれ以上がこのオフレコ取材です。代表的なのが、俗に「夜討ち、朝駆け」と呼ばれる取材です。これは「夜回り、朝回り」ともいい、政治家や官僚、警察官、企業幹部などの家をアポなしで訪問し、非公式に話を聞く取材方法です。役所や会社で「公式に」話を聞くと、ほぼ必ず秘書官や広報担当者が同席します。それでは秘密の話は聞けないので、帰宅時や出勤時に待ち伏せして取材するわけです。

一方、いっさい記事にしないという約束をする場合は「完全オフレコ」、略して「完オフ」といいます。この場合は、たとえ主語を「首脳」などにしても記事にしてはいけません。

このように、記者と取材対象との約束によって、報じ方は変わってきます。基本的には、（1）記録をとりながら取材し、取材源を実名で報じる（2）記録をとりながら取材するが、取材源はあいまいにして報じる（3）記録をとらずに取材し、取材源もあいまいにする（4）記録をとらずに取材し、取材内容も報じない――という4つのパターンが考えられます。（2）は「バックグラウンド・ブリーフィング」とも呼ばれ、役所が統計を発表する際や、捜査中の事件について責任者が記者を集めて説明するときなどにとられる形態です。

オフレコ取材を元にした記事で使われる主語の言い換えには、「政府首脳」以外にどんなものがあるのでしょう。例えば政治記事には、ときどき「政府高官」が登場します。これは高い確率で「官房副長官」を意味します。ただし、これも政府首脳と同様、官房長官である可能性もあるので特定はできません。「首相周辺」は、さらに特定が困難です。ただ、首相の秘書官などを指すケースが多いようです。

「幹部」という言葉は、組織によって意味が異なります。例えば財務省や厚生労働省といった中央官庁の場合は「課長以上」を指します。企業に勤めている人にとっては、課長を幹部と呼ぶことには違和感があるかもしれませんが、中央官庁では大きな権限を持つ役職です。

一方、企業についての記事で「幹部」といえば、一般に取締役などの役員を指します。その中でも、社長など法律上の代表権を持つ人は「首脳」と書かれます。ただ、例えば社長のオフレコ発言であっても、取材源の特定を避けるためにあえて「幹部」とすることもあります。

いずれにせよ、「首脳」「幹部」「高官」が主語になっているときは、2つのことを意識して記事を読む必要があります。

まず、こうした人々は組織の中で決定権限を持っているということです。とくに「首脳」の発言は、どんな組織でも大きな影響力があります。これに対し、「関係者」「〜筋」が主語になっている場合は、発言にあまり重みがないケースが少なくありません。記者が取材している以上はそれなりの事情通だと考えて間違いありませんが、決定権限は持っていない人が大半だからです。

もう一つ重要なことは、完オフを除くオフレコ発言は、本人も記事になることを前提に喋っているということです。官房長官であれば、「政府首脳は〜」と書かれることを承知で、そうした発言をしているわけです。むしろ、公の場では発言できないことを、自分が言ったということが類推できる形で広めたいという思惑があると見ていいでしょう。記事を読み解くうえでは、こうした「誰が言っているのか」に注目する必要があるのです。

4 情報の「質」の違いを意識する

新聞情報の正確性

新聞記事を情報源として活用するうえで意識したいのが、一つの記事の中には、質が異なる様々な情報が同居しているということです。例えば長い記事になると、「記者が現場で見た事実」だけでなく、「伝聞」や「推測」、「意見」などが盛り込まれているのが普通です。いずれも情報という意味では同じですが、例えば伝聞や推測より、記者が直接目撃した情報の方が信頼性は高いはずです。さらに記者の「意見」となると、事実とは違う次元の情報です。

ところが、主語があいまいな日本語の性質もあって、日本の新聞記事は意識して読まないと、それらの区別がつきにくくなっています。このため、漫然と読んでいると、ニュースの本質を「記事全体から受ける印象」で判断してしまうことになりかねません。また、記事の中には、最初からそうした効果を狙って書かれたと思われるものもあります。

では、どういう点に気をつけて記事を読めばいいのでしょう。まず、新聞記者の間で共有されている原則について説明しておく必要があるでしょう。それは、「記事に嘘を書いてはならない」ということです。何を今更、と思うかもしれません。しかし、これは非常に重要なポイントなのです。

ネット上のマスコミ批判などを読んでいると、日本の新聞には「嘘」や「捏造」が溢れているという印象を受けるかもしれません。しかし、事実はむしろ逆で、新聞記者が意図的に「嘘」を書くことは極めて稀です。事実誤認が原因の間違いは別として、意図的に事実に反する情報を記事に紛れ込ませたことがわかれば、おそらくどんな新聞社でも、記者としての活動を続けることが困難になります。スポーツ紙や週刊誌はともかく、少なくとも日本新聞協会に加盟している全国紙、地方紙ではそれが現実です。

ですから、記者は原稿を書くときに「嘘」を書かないよう、細心の注意を払います。後の章でも触れますが、捏造は論外として、自分の勘違いから間違った情報を書いた場合でも、記者としての能力を疑われ、極端な場合は現在の地位を奪われるかもしれないからです。

言い換えると、新聞を読む際、記事に出てくる「事実」部分の真偽を検証する必要はあまりありません。同じ手間をかけるなら、「どこまでが事実で、どこからが記者の推測や意見か」や、「記事で触れられていない事実はないのか」に注意を払う方が、よほど生産的です。

また、「推測」や「意見」の部分が特定できれば、記者が記事全体を通じて読者に印象づけたいことがわかります。それがわかれば、記者がたくさんの「事実」の中から、どんな基準で記事に書くものを選び出したかを推測することもできるのです。

事実と推測を表現から区別する

では、どうすれば「事実」や「推測」、「意見」を区別できるのでしょう。ここでも、記事に使われる言葉に注目してください。

まず、記事の中で断言されている部分は、記者が確信している事実です。もちろん、本人が確信しているからといって間違いのない事実であるとは限りませんが、新聞記者は基本的には「裏を取ったことだけを書く」という教育を受けています。100%そうだとは言い切れませんが、一般論としては何か裏付けがあるので断言しているとみていいと思います。

つぎに、伝聞によって書かれた部分を探してみましょう。「～によると」と、情報の発信源が示されている部分は伝聞情報です。例えば「○○県警の発表によると」や「関係者によると」などと書かれます。こうした表現には、書き手の側からいうと「自分は情報の真偽について確かめてはいないが」という留保の気持ちが含まれています。いつもそうだというわけではありませんが、場合によっては「こう言ってるのは自分じゃないからね」という、責任転嫁の心理が働いている場合もあります。

新聞記事は非常に短い文章の中にたくさんの情報を詰め込む必要があるので、記者は原則として「～によると」といった余計な文言は使いたがりません。自分でも裏を取っているなら、「～した」「～だ」などと簡潔に断言したいのです。にもかかわらず「～によると」と断っているということは、どこか情報の真偽について確信を持ちきれない事情があるわけです(☞)。

こうして情報源を明らかにしたあとで、「〜だという」「〜という」と書かれた部分も伝聞情報です。主語が省かれている場合もありますが、実際には前に出てきた情報源（もしくは資料など）からの伝聞であることを示します。

裏返すと、こうした伝聞表現を使わず断言されている部分については、記者は相当な自信を持って書いているといえます。というのも、もしその情報が後で間違いだったとわかれば、記者は責任を取らされるからです。

例えば４人が乗った自動車が崖から転落して死傷者が出た事故で、警察が現場を調べて、「３人が死亡し、１人が重体」だと発表したとします。記者は「警察発表によると３人が死亡した（という）」などと書くでしょう。しかし、もし記者自身が実際に現場を見て３人が死亡したという確証を得ているなら、警察発表をあてにせず、「少なくとも３人が死亡した」などと書けばいいわけです。

結果に差が出てくるのは、記事が出た後に、死亡したのが実際には２人で、死亡したとみられていた１人が、実は生きていたことがわかったようなケースです。「警察発表によると」と書いていた場合、記者は後日、「警察は発表を訂正した」という記事を書けばすみます。間違えたのは警察であって、自分自身ではないからです。

もちろん厳密にいえば、警察情報も疑って、その裏をとるのが理想です。しかし、全てのケースでそのような時間的余裕があるわけではありません。逆にいえば、それができていないからこそ、自ら断言せず「警察によると」と書いているわけです。

もしただ単に「3人死亡」と書いていた場合は、大問題になります。何しろ、生きている人を紙面の上では殺してしまったわけです。訂正記事を出したり、本人に謝罪したりする必要が出てきます。もちろん、「しっかり裏をとらずに書いた」ということですから、記者としての倫理観や能力にも疑問符がついてしまいます。

ですから、「～によると」「～という」といった留保をつけた部分と、断言した部分では、記者が原稿を書きながら感じている責任の重さはまったく違います(☞)。ほとんどの読者にとっては「表現ぶりのささいな違い」に思えるかもしれませんが、記事に書かれた情報の信頼性を判断するうえでは無視できない差なのです。

記者の「推測」を書いた部分の見分け方も覚えておきましょう。新聞でよく使われるのは「～とみられる」「～の可能性が高い（低い）」「～の公算が大きい（小さい）」「～しそうだ」という表現です。こうした文言が含まれている部分は記者の個人的な見立てを示しているので「事実」とは区別して読む必要があるでしょう。

記者の自信という観点からいえば、先に述べた断言調や伝聞調の部分に比べさらに後退します。言葉本来の意味からしても、これらは「この予想は外れるかもしれないけど、たぶん～」「この見方は間違っているかもしれないけど、おそらく～」といったニュアンスを含んだ表現です。

記者がこうした表現を使うときの心理も、言い方は悪いのですが断言調に比べるとかなり気楽です。もちろん「可能性が高い」などと書く以上は相応の責任はあるので、何かしら取材によって根拠は得ているのが普通です。ただ、仮に予想や見立てが外れたとしても社内的に記者としての責任を問われることはほとんどありません。

読者の側からすれば、こうした表現が使われている部分については「あくまでも記者の見立てである」ということを割り引いて受け取るべきでしょう。とくに、こうした「推測」が書かれている一方で、それを支持するような説得力のある「事実」が記事に含まれていない場合は、その信頼性について疑った方がいいと思います。

新聞における「主張」

では、記者の「主張」は記事の中でどのように表現されるのでしょうか。実は、ニュース記事に限ると、日本の新聞では原則として筆者の主張を書かないことになっています。一般に、「～すべきだ」「～は間違っている（正しい）」といった善悪などの価値判断にまで踏み込んだ記事が書けるのは、外部からの寄稿を除くと、「社説」と「署名記事」くらいなのです。

新聞記者になれば、世間に向けて自分の意見を自由に表明できると思われがちですが、事実はまったく違います。入社後20年以上経って、社説を書く「論説委員」や、署名記事を書く「編集委員」になるまで、記者が自分の意見をストレートに書く機会は意外なほど少ないのです。

これは、日本の新聞がニュース報道について「不偏不党」「公平中立」といった方針を掲げているからです。もちろん、「社説」などでは新聞社としての主張を展開しますが、読者に事実を伝える一般の記事の中では、記者の意見を挟まないのが、日本におけるお作法なのです。

しかし、こう聞いても首をかしげる人が多いのではないでしょうか。新聞を読んでいると、何らかの「主張」を含んでいるように見えるニュース記事が少なくないからです。実は、日本の新聞を読むうえで難しいのは、この部分なのです。

ここまで述べてきたことと矛盾するようですが、「主張するニュース記事」は少なくありません。むしろ、ここ20年くらいは、「新聞は自らの立ち位置をはっきり表明すべきだ」という風潮が広がり、その傾向は強まっています。

しかし、一方で「客観報道が望ましい」という建前は残っています。このため、「客観報道の体裁をとりつつ、実際には社としての主張を盛り込んだ記事」が出てきてしまうのです。

具体的には、新聞社の主張はどのような形で記事に反映されるのでしょうか。これを見分ける際に注目するポイントは「事実の選択」と「推測表現」です。

「事実の選択」とは、次のような意味です。ニュースは、ほとんどの場合、極めて多様な背景を持っています。それをベタ記事なら150～200字、最も長いトップ記事でも800～1000字程度で報じるわけですから、無数にある「事実」の中から、ほんの一部を選び出す必要があります。いってみれば、「氷山の一角しか書けない」のが報道の宿命なのです。このことは、氷山のどの部分に光を当てるかによって、読者が記事から受ける印象がまったく変わってくる可能性があることを意味します(☞)。言い換えると、数ある事実の中から何を選んで書くのかを通じて、間接的に「主張」をする余地があるのです。その新聞社の主張に沿った「事実」が優先して取り上げられ、都合が悪い事実は申し訳程度にしか触れられないか、しばしば無視される傾向に気づいている人は少なくないでしょう。

ただ、読者の側が「記者がどんな事実を記事から外したのか」を読み取ることは困難です。そこで注目したいのが、「否定的な事実」が記事にどれだけ含まれているか、という点です。

記事が、事実を並べただけであるにもかかわらず何らかの「主張」を含んでいる場合、一つひとつの事実が、ある「結論」を指し示しているはずです。例えば、「与党が提案したある政策について、国民から反発の声が高まっている」という記事であれば、記事の中には「自社で実施した世論調査で反対と答えた人の方が多い」「市民団体が反対を表明した」「専門家は国民の理解が得られないだろうと話している」といった事実を列挙しているはずです。これら一つ一つは「客観的な事実」ですが、全体としては「この政策は間違っている」という主張をしているのと同じだと判断できます。

この記事の場合、「しかし、この政策は正しいと支持する声も少なからずある」という、全体の方向性に反する事実が書かれているかどうかが重要になります。どんな主張にも、かならず反対意見や、それを否定する事実は存在します。それを公平に紹介するかどうかは、新聞社や記者が読者に対して「事実」を伝えたいのか、「主張」を伝えたいのかを見極めるポイントになるのです。

もう一つのポイントは「〜しそうだ」といった推測表現です。こうした表現は、しばしばトップ記事のリード文に登場します。日本の新聞は客観報道を掲げているため、ニュース記事の中であからさまに主張をすることができません。そこで使うのが、「この発言には国民の批判が集まりそうだ」や、「この政策は日本の経済成長を後押ししそうだ」といった表現なのです。つまり、「この発言はけしからん」「この政策は正しい」とは書けないので、第三者の反応や、結果を「推測」する形をとって事実上の価値判断を示すわけです。

もちろん、「このニュースをなぜ取り上げるのか」を読者に示すことは大切です。「この発言は国会で大問題になり、他の法案の審議にも影響が出そうなので取り上げたのですよ」「この政策は、日本経済の先行きを左右するほど重要だから取り上げたのですよ」といった、ニュースを大きく取り上げる根拠を示すことは必要です。リード文に書かれるこうした一文は、「意義付け」と呼ばれ、重要な構成要素の一つです。ただ、それが「隠れた主張」になっているのであれば、あまりフェアだとはいえません。

ですから、こうした表現がリード文で使われている場合、先に説明した「事実の選択」が偏っていないか、本文を注意して読む必要があります。「〜しそうだ」という推測を否定するような事実や意見が一つも示されていなければ、主張に偏った記事である可能性が高いといえるでしょう。

コラム：削り

皆さんは、1面の記事を読んでいて、文章の中に妙な「空白」を見かけたことがないでしょうか。「山田　社長は……」といったように、活字が数文字だけ不自然に抜けているのです。これは「削り」と呼ばれる措置をとったことを意味します。

原稿の修正には、大きく分けると4つの段階があります。まず、ゲラが出る前の段階です。「モニター」などと呼ばれる原稿を打ち出した紙を見て修正するのですが、この場合はデスクや整理記者が端末を操作すれば簡単に直ります。

次がゲラの段階での修正です。実際に紙面の形に活字が組まれた状態でチェックするわけです。これも基本的には整理部の担当者が端末を操作すれば修正できます。

ゲラが「完成」すると、印刷工場では薄いアルミ板で「版」を作ります。大きなハンコや、版画の木版をイメージしていただければ結構です。大雑把に言えば、この版にインクを塗っていったんゴムのローラーに転写し、紙に押し付けることで紙面が印刷されるのです。

版が完成した後で記事に間違いが見つかった場合はどうするか。人名や地名、数字の間違いなど、そのまま紙面になってしまうと「訂正記事」を出さなければならないようなレベルの場合は、俗に「ボツサイ」と呼ばれる措置をとることになります。

これは「没、再送」の略で、一度作った版を作り直すのです。この作業をすれば間違いは完全に修正されますが、時間とお金がかかってしまいます。かなり「最終手段」に近いものです。私も何度か自分のミスで「ボツサイ」をしてしまったことがありますが、やはり冷や汗が出ます。

しかし、輪転機が回る直前に致命的なミスが見つかった場合はもっと深刻です。版を作り直す時間もないからです。最終版の場合は「次の版で直す」ということもできません。この場合に「本当の最終手段」として登場するのが「削り」なのです。

例えば最終版に入れる人事記事で、「山田太郎社長」と書くべきところが「山田次郎社長」となっていたとしましょう。社長名を間違えるのは致命的なミスですから、これは何としてでも修正しなければなりません。しかし、すでに版を作り直す時間はありません。

この場合は、「太郎」の部分を物理的に削ってしまうのです。印刷すると名前の2文字分が空白になって「山田　　社長」となってしまいますが、「山田社長」であれば間違いとまでは言えません。不恰好ですが、間違った名前のままで載せてしまうよりはいいと考えるのです。

こうした空白は、1面トップの記事を中心に、ごく稀に見ることがあります。一般の人は「なんだろう」と思いながらも読み飛ばしてしまうでしょうが、記者は「この記事は締め切り直前に裏が取れて、慌てて突っ込んだんだな」と想像します。記者は焦って原稿を書き、デスクや校閲記者がチェックする時間もほとんど取れないまま、版を作った可能性が高いからです。

こうした記事はたいてい特ダネですから、「情報の価値」としては最上級である場合が多いと思います。ただ、誤字脱字をチェックしきれないほど急いで書いたわけで、細かい事実関係については間違いが含まれている可能性は高いと考えられます。

ポイント

- 大きなニュースや特ダネがないときは「まとめモノ」で埋めることがよくある。月曜日の朝刊1面は「まとめモノ」が多い。
- 記事を読むうえで重要なのはリード文で使われる新聞独特の表現。
- 記事に出てくる「事実」の部分の真偽を検証する必要性はあまりない。むしろ「どこまでが事実で、どこからが記者の推測や意見か」を見極めるほうが大事。
- 記者が独自に取材や調査によって発掘した特ダネを報じることを「調査報道」という。調査報道によるスクープは、ジャーナリズムの世界では最も高い評価を受ける。
- 新聞は客観報道を建前にしているが、報じる事実の選択や推測表現を通じて主張を間接的に展開するケースがある。

第3章

新聞ができるまで

この章では、ニュースがどのような工程を経て記事という製品に加工され、読者の元に届くのかを説明します。スクープ競争を繰り広げている新聞業界の構造や新聞社の組織についても概観します。「そんなことを知らなくても記事は読めるだろう」と思う人もいるかもしれませんが、新聞記事が持つ「情報としての限界」を理解するには、記事がどんな制約の中で作られているのかを知っておいたほうがよいのです。

1　記事ができるまで

取材し、編集する――記者・デスク

まず、取材によって集められた情報が、どんな人たちの手を経て紙面に載り、読者に届くのかを、簡単に図で示しましょう。

新聞記者は、取材した内容を原稿にします。記者が書いた原稿を受け取るのはデスクと呼ばれる人たちです。一般的な言葉で言えば「編集者」で、誰かが書いた原稿を「商品」になるよう整えるのが仕事です。出版や報道に携わったことがない人には、編集者の存在意義は理解しにくいかもしれません。記者は文章を書くプロですから、わざわざ原稿に手を入れる必要があるのか、と考える人もいるでしょう。かくいう私自身も、記者になるまではそうでした。

新聞に載っている文章は、普通はあまりストレスなく読めます。中には読みにくい記事もある

ニュースが読者に届くまで

取材記者（記事を書く）
↓
デスク（原稿を直す）
↓
整理記者（見出しをつけ、紙面に組む）
↓
校閲記者（誤字・脱字などをチェック）
↓
印刷（紙に刷る）
↓
配送（販売店に届ける）
↓
配達（自宅や店に配る）

でしょうが、基本的には大きな破綻はない文章だといえるでしょう。しかし実は、全ての記事が最初からこうした整った姿であるわけではありません。意外かもしれませんが、記事は「初稿」の段階では論理展開が支離滅裂だったり、文章が読みにくかったりすることが珍しくありません。これは、記者が締め切りに追われており、極限状態で執筆することも多いからです。じっくり推敲して提出する余裕がないのです。

そうでなくても、「幅広い読者が読んでわかる文章」を書く作業は、一般に考えられているよりずっと熟練を要するものです。入社後２～３年くらいの若手で、デスクが手を入れずに、そのまま掲載できる「完全原稿」を出せる人はほとんどいないのが実情です。

不完全な原稿の場合、デスクが読むと、疑問点が次々に湧いてきます。「この専門用語の意味は？」「どうしてこんな事件が起きたんだ？」といった具合です。デスクにわからないのですから、一般の読者にわかるはずがありません。デスクは記者が社外にいる場合は電話するなどして、そうした疑問をぶつけ、説明を書き加えさせます。デスクは一般に、15～20年ほど記者を経験した人がなります。このため原稿を読むと、足りない視点や、書き換えた方が読みやすくなる部分なども見えるのです。

デスクは締め切りまで時間に余裕があるときは、そうした点を指摘して記者に書き直しを命じます。若い記者にとっては、この過程は原稿のトレーニングも兼ねています。時間がない場合は記者から聞き取った情報をもとに、デスクが自分で文章を書き換えます。それを記者に送り返し、記者が改めて確認、修正して原稿ができあがるのです。

いずれにせよ、デスクというフィルターを通って初めて、記者が書いた原稿は「商品」のレベルに達します。まず、デスクという「最初の読者」が目を通し、足りない部分やわかりにくい部分を修正することで記事の価値が高まるのです。

見出しを付ける――整理部

デスクから原稿が送られる先は、整理部というセクションです。「整理」もあまり馴染みがない用語でしょう。新聞業界では百年以上前から、紙面に記事を割り付ける作業をこう呼んでいます。ちなみに、政治部や社会部といった、記事を書いたり直したりする人が所属する部門は、整理部に対して「出稿部」と総称されます。

整理部の仕事は大きく分けると３つです。まず、その日の紙面にどの記事をどう割り付けるかという基本設計を担当します。例えば政治面に５本の原稿が送られてきたとすると、どの記事をトップに持ってくるか、サイドはどれか、その他の記事の見出しを何段にするか、などを考えるのです。

こうしたニュース価値の判断は、もちろん整理部だけがするわけではありません。出稿部も「この記事はトップで扱ってほしい」などと要望は出しますし、最終的には政治部や社会部といった担当部の部長や、編集局長といった幹部を交えた会議で決定します。ただ、微妙な判断が求められるニュースを除けば記事の大きさを決めるのは一義的には整理部です。

整理部のもう一つの役割は見出しの作成です。実は、紙面に掲載されている見出しは、執筆した取材記者が考えているのではなく、整理記者と呼ばれる人たちが付けているのです(☞)。

もちろん、取材記者も、原稿には必ず「見出し」を書いて提出します。実際、若手の記者がベテランから耳にたこができるくらい聞かされるのは、「原稿を書く前に、まず見出しを考えろ」という言葉です。こうすると原稿の方向性が明確になり、原稿が書きやすくなるという教訓で、おそらく新聞業界全体で共有されているのではないでしょうか。

ただ、記者が書いた見出しは「仮見出し」と呼ばれ、そのまま新聞に掲載されることはまずありません。整理記者が付け直しているのです。この点は、記者と取材相手の間でよくトラブルになります。実は、記事に対する代表的なクレームの一つは「見出しが誤解を招く」というものなのです。

見出しは記事の印象、トーンを決定づけます。取材先は自分が伝えたかったニュアンスと、見出しから受ける印象が食い違うと、たとえ本文には自分の意見がきちんと反映されていても「これは自分の言いたかったことと違う」と感じるでしょう。実際、見出ししか読まない読者もたくさんいるわけです。そこで、取材した記者に対して苦情を入れることになります。

記者の側も、取材相手のそうした心情はよく理解できます。しかし、実は見出しを付けているのは整理記者なのです。記者は整理部が付けた見出しに意見を言うことはできますが、最終的に決める権限を持っているのは自分ではありません。記者としては違和感を拭えなくても、整理部に押し切られることがしばしばあるのです。かくいう私も、卑怯だとは思いつつ、取材先に「私が付けた仮見出しが整理部に変えられてしまって」と言い訳したことが何度もあります。

もっとも、これは整理部が悪いわけでもありません。単に役割や立場が取材記者と整理記者で違うというだけです。整理記者は原稿を読んで、要旨やポイントが一目でわかるような見出しを考えます。整理記者は、よくコピーライターに例えられます。わかりやすく、しかも読者が読みたくなるような見出しを考えるのが仕事だからです。どの記事に何文字の見出しを付けるかはあらかじめ決まっています。締め切りまでの短い時間で、字数内で的確な文言をひねり出すには、専門的な訓練と、ある種の才能を要します。

記事の優先順位を決め、それぞれに見出しを付けると、整理部は組版ソフトを使って、紙面に割り付けていきます。どのような配置にすれば読みやすいか、美しいかといったことを考えて紙面をデザインします。記事に写真やグラフ、説明図などが付いている時には、写真部やデザイン部に見栄えが良くなるよう、細かい指示を出すこともあります。

私が記者になった十数年前までは、紙面の設計（デザイン）までが整理部の仕事で、それをコンピュータで組み上げる作業は別のオペレーターが担当していました。そのころの組版端末はコマンド（命令）を打ち込んで操作する形で、かなり専門的な知識が必要だったのです。ところがその後、パソコン上でマウスを使って直感的に紙面を作れるソフトが導入されました。市販のソフトやフリーソフトでも「新聞を組める」とうたったものがありますが、その高級版です。

こうしたシステムが導入されたことで、今では紙面に組む仕事も整理記者が担うようになりました。さらに、整理部ではなく出稿部のデスクがこの整理業務までこなすケースまで出てきました。さすがにニュースをその場で組むのは不可能ですが、例えば2〜3日前から組める特集や、紙面のデザインが固定されている面であれば、ソフトの操作を覚えれば組めるからです。これを「編集組版」「出稿組版」などと呼びます。私も経験があるのですが、一人で何役もこなすので、結構大変です。紙面を見ているだけだと気づきませんが、新聞記者の仕事はＩＴ化によってどんどん広がっています。

チェックから印刷へ——校閲部・印刷所

さて、原稿が紙面の形に組まれていく間に、校閲記者が誤字脱字や言葉遣い、事実関係などをチェックします。こうした部署には「校閲部」「記事審査部」といった名称がついています。

私も新人のころに、研修で2週間ほど校正作業を経験したことがありますが、ベテランはものすごいスピードで原稿から間違いを発見していきます。原稿の1行1行に赤鉛筆で線を引きながら読んでいくのですが、一読しただけでは気づかないようなミスを次々に指摘する様子は、まさに職人技でした。私が観察したところでは、熟練した校閲記者の場合、どんな言葉を間違えやすいかといった知識はもちろん、原稿ごとのミスの確率（要するに執筆者がいい加減かどうか）まで頭に入っているようでした。

この工程を通じて、原稿は「規格品」としての完成度を高めていきます。新聞業界では言葉遣いが統一されています。「聞く」と「聴く」をケースによってどう使い分けるかや、「濫用」という漢字は使わず、「乱用」で統一する、などといったルールが決められているのです。

校閲部は、書かれた内容の事実関係についても、過去記事のデータベースなどを使ってチェックします。この点は強調しておきたいのですが、間違いのない文章を書くことは、一般に考えられている以上に難しいのです。人間には必ず思い込みがあり、持っている知識が間違っていても、それが事実だと信じている場合にはわざわざ検証しません。しかし実際には、参考にする資料にも、取材相手の言葉にも、たくさん間違いがあります。記者はそれを別の資料や証言で確認しながら原稿にしますが、それでもかなりの確率で原稿には事実誤認が紛れ込みます。

私の経験から言えば、100行（一〇〇〇字前後）の原稿でも、初稿の段階で必ず1～2ヵ所は訂正すべき部分があります。誤字脱字や「てにをは」だけでなく、そのまま掲載すると訂正記事を出さなければならないレベルの間違いも2～3本に1本はあるのが普通です。

記者は原稿を書いた後、一つ一つの表現について必ず資料やメモを読み返して確認します。多くのミスは、この段階で発見され、修正されます。当然、デスクもあやしいと思った部分については、どんな根拠で書いているのか、記者に問いただします。自分で独自に資料にあたって確認することもあります。

そのうえで、さらに校閲記者がチェックするのです。新聞記事は最低でも3人がチェックしたうえで、読者の手元に届くわけです。当然、重要な記事の場合は、複数の記者とデスクがチェックし、編集幹部も原稿を読みます。

なぜこんなことを説明するかというと、新聞情報の正確性について知ってもらいたいからです。最近、「新聞は嘘ばかり書く」といった批判をよく聞きます。これは「記事はニュースの1面しか書いていない」とか、「専門家の目から見ると、かなり大胆な『要約』をしている」といった意味では当たっていると思います。誤報があることも事実ですし、記事を鵜呑みにするのは間違いです。

ただ、「ブログやニュースサイトと比べて新聞情報の正確性が低いか」といえば、私はそうは思いません。むしろ新聞情報の正確性は、相対的には非常に高いと思います。理由は、今述べた複数のチェック体制にあります。逆に、複数の人のチェックを受けていない記事は、一般に想像される以上に、不正確になりやすいのです。

新聞記者は誰でも、そのことを骨身にしみて知っています。記事を書くたびに、自分の原稿の中に「間違い」を発見したり、指摘されたりするからです。一見もっともらしい証言や資料を検証した結果、びっくりするほどたくさんの事実誤認を見つけるといった経験を、毎日のようにしているのです。言い換えると、情報の正確性を推測する上で、「何人の人が間違い探しをしたか」は、極めて重要な要素です。この点で新聞社はかなり多くの人手を投入しています。

こうしてできあがった原稿のデータは印刷工場に送られ、新聞の形になります。それがトラックなどで全国の販売店に届けられ、契約読者やコンビニなどに配られていくのです。

朝刊の原稿の締め切りは早ければ午後7時ごろからやってきます。2~3回、版を替えて紙面を作り、午前2時ごろまでには最終版の印刷が始まり、朝5~7時には読者のもとに届きます。少し想像するとわかりますが、新聞は極めてタイトなスケジュールの中で作られている商品なのです。実際、新聞社で働いている人の多くが分刻みの締め切りに追われて年中「忙しい、忙しい」とぼやいています。報道は「正確さが命」であることはいうまでもありませんが、一方でこうした綱渡りのような作業の中で生み出されているという現実も知っておく必要があるでしょう。

2　新聞社はどんな組織か

記者は最下層

身も蓋もない表現を使えば、全国紙やブロック紙などは普通の大企業です。ときどき大きな誤解をしている人がいるのですが、少なくとも日本新聞協会に加盟しているような報道機関は、単なる営利企業であって、なんらかの理想を実現しようとする政治結社や宗教団体ではありません。組織は社長を頂点とするピラミッド型であり、社員には決まった権限と仕事が割り振られています。記者やデスクも、その与えられた役割の範囲で仕事をこなしているにすぎないのです。特殊法人であるＮＨＫや、社団法人である共同通信社は営利企業ではありませんが、組織の性格はほぼ同じです。要するに、新聞社も「普通のカイシャ」なのです。

企業に限らず組織で働いた経験がある人であれば、その内部がどんなものかは容易に想像できると思います。企業であれば、社長の下に専務や常務といった役員がいて、さらに部長や課長、係長、ヒラに続いていく序列があります。当然、組織の上に行くほど権限は大きくなります。

こうした構造は新聞社の組織でも全く同じです。新聞社の中核事業であるニュース部門を切り出して単純化すると、だいたい次のような形になります。

新聞社の規模などによって差はありますが、トップは日々の紙面に細かく注文をつけるわけで

新聞社の組織（ニュース部門）

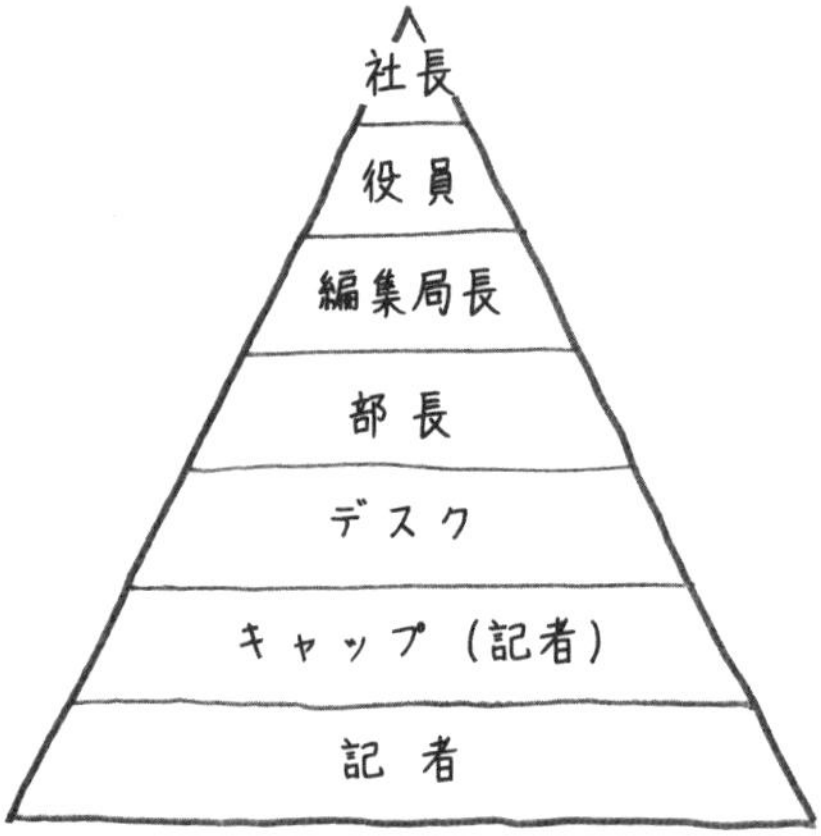

はありません。日々の紙面に責任を持っているのは、一般に「編集局長」と呼ばれる幹部です。その日の1面トップにどんな記事を置くのかや、新しく始める連載のトーンをどうするかは、最終的にこのポジションにいる人が決める権限を持っています。

ただし、新聞は30~40ページもあるので、全ての面や記事について編集局長が直接指示を出すわけにはいきません。実際には面ごとに担当する「部長」がいて、実質的にはこの幹部の指揮で紙面が作られていきます。

例えば、政治面を担当するのは政治部で、そのトップは政治部長です。同様に経済面を経済部、社会面を社会部、スポーツ面を運動部が担当します。「地方部」「外報部（国際部）」「科学部」などもあり、それぞれ担当面を持っています。

ちなみに日経新聞の場合は、経済分野を担当するのは経済部だけではありません。経済部は経済官庁と日銀・金融機関を担当しています。この他に、金融・証券以外の企業を担当する「企業報道部」、企業の財務や株式市場などを担当する「証券部」、原料や農作物などの価格の動きを追っている「商品部」などがあります。これらは一般の新聞社では全て経済部が担当していますが、日経は、それぞれ担当部を設けているのです。

部には「デスク」と呼ばれる編集者がいます。すでに見たように、記者に取材の方針を示したり、送られてきた原稿を編集したりするのが主な仕事です。

ピラミッドの一番下にいるのが記者で、取材をしたり、原稿を書いたりするのが主な仕事です。記者は担当するテーマごとにチームを組んでおり、リーダーは「キャップ（キャプテンの略）」と呼ばれます。

ここまで見てきてわかるように、実は「記者」と呼ばれる人たちは組織の中では末端にいます。もちろん、一般の人が「新聞社で働いている人」と聞いて真っ先に思い浮かべるのは記者でしょうし、編集部門の中では人数が一番多いので「新聞社を動かしている」と言うこともできるでしょう。しかし、組織内の階級という面から言えば、実は最下層なのです。ですから、仮に記者が「自分のペンで世論を動かしてやる」という個人的な野望を持っていたとしても、思い通りになることはまずありません。

社説で主張を展開できるのは「論説委員」と呼ばれるベテラン記者です。その新聞社の論調を決める役割を担っているのはこの人たちです。ただし、「委員」という肩書きからもわかるように、各専門分野の委員が話し合って全体の論調を決めます。個人が好き勝手に社論を決められるわけではありません。ヒラの記者は、こうして作られた社論から大きく外れない範囲で記事を書いているのが実情なのです。

部間の争い

こうした組織の中での「序列」とあわせて知っておきたいのは、「縦割り」の構図です。これも、会社や役所といった世界で過ごした経験があればすぐに理解できるはずです。

まず、同じ新聞社にいるにもかかわらず、政治部、社会部、経済部といった部によって、驚くほど文化が違います。これは、取材対象の違いが生んでいる面があり、例えば政治部は政界、社会部は警察、経済部は経済官庁や企業の文化に近くなるのです。

文化が違うと、部と部の間で軋轢も生まれます。旧日本軍は同じ国の軍隊でありながら陸軍と海軍が主導権争いを演じ、結果として作戦の失敗につながることが多かったといわれます。同様に、新聞社でも組織内の主導権争いは日常的にあります(☞)。

有名なのは政治部、経済部、社会部の対立でしょう。この三つの部は1面トップを飾るような特ダネをとる可能性が高い分野を担当しています。言い換えると新聞社の主力であり、社内でもとくに優秀とされる人材が集められています。当然、出世する人も多く、新聞社の社長や主要幹部はこの三つの部のいずれかの出身であるケースがほとんどです。

どの会社でもそうでしょうが、所属する部の社内における勢力の強弱は、自分の出世や待遇も左右します。このため、社内でどの部が特ダネを多く書くかといった競争が起きたり、ライバル部の失敗をあげつらったり、といったことが起きます。

こうした部間のライバル関係は、良い方向に働くこともあります。例えば、「経済系の官庁で起きた汚職事件」などでは、政治部、社会部、経済部の全てが関わるため、政治家、捜査当局、官庁という異なった視点から見た事件像が読者に提示されるからです。政治部と政治家が親しくなりすぎて厳しい記事が描きにくくても、しがらみのない社会部がズバリと問題点を指摘する、というケースもあります。

ただ、実際には同じ社内で利害の対立や、激しい縄張り争いが起きることもしばしばです。お互いが持っている情報を隠しあって、結果として他社とのスクープ競争で敗北するという笑えない結果になることも少なくありません。関連記事が複数の面で展開されるような大事件が発生したときは、面ごとの微妙なスタンスの違いに注意して読むと面白いと思います。

3　新聞業界の構造

一般紙・通信社・ＮＨＫ

ここまで、「新聞業界では原稿を書くときの表現が共有されている」と書いてきましたが、ここでいう「新聞業界」が具体的に何を指すのか説明していませんでした。遅ればせながら、範囲を明確にしておきたいと思います。

日本で全国紙とされる新聞は、宅配されていない地域はあるものの、全国規模で発行されています。一方、特定の地域で発行されているのが地方紙です。日本ではおおむね県単位で地方紙が読まれており、「県紙」と呼ばれることもあります。全国紙ではないものの、広域で読まれている新聞はとくに「ブロック紙」と称されます。どこまでがブロック紙かは定義によって変わってきますが、代表的なのは北海道新聞、中日新聞、西日本新聞です。河北新報や中国新聞もブロック紙といっていいでしょう。

配布地域とは別に、一般紙とスポーツ紙、夕刊紙といった区分もあります。一般紙とは全国紙のように朝刊を発行しており、政治、経済からスポーツ、芸能まで幅広くカバーします。日経新聞は一般には経済紙と呼ばれますが、こうした定義からいうと「経済報道の比重が大きい一般紙」というくくりになります。

さて、この本で扱っているのは、基本的にはこの「一般紙」の読み方です。全国紙と地方紙と言い換えてもいいでしょう。しかし記事の書き方などの文化を共有しているのは、実は一般紙だけではありません。まず、新聞社やテレビ局などに記事を配信する「通信社」の記者を加える必要があります。普段、通信社の存在はあまり意識しないかもしれませんが、「共同通信」「時事通信」といった名前は聞いたことがあるはずです。

通信社は、新聞社のように独自の紙媒体は持っていません。その代わり、契約した報道機関や企業に対し、記事を配信します。例えば地方紙は、地元以外の都道府県や海外に取材網を張り巡らすことは困難です。そこで、首都圏など地元以外で起きたニュースについては、自前で取材はせず、通信社の記事を転載するのです（☞）。

ですから、地方紙の政治面に載る国会のニュースなどは、大半が通信社の記者が取材・執筆したものです。海外発のニュースを除くと「共同」「時事」のクレジットは記事に記載されないので、地方紙の読者のほとんどは意識しませんが、実は隣の県の地元紙にも、全く同じ記事が載っているのです。独自の媒体を持っていないとはいえ、紙の新聞に記事が載るわけですから、通信社の記者も紙の新聞の記者とはライバル関係になります。スクープ競争では同じ土俵に立っているのです。

実は、この競争にはＮＨＫの記者も含まれています。新聞とテレビでは媒体が違うのですが、新聞記者とＮＨＫの記者は「抜いた、抜かれた」というゲームのルールを共有しています。おそらくこれは、ＮＨＫの記者の数が新聞社並みに多いからでしょう。裏返すと、記者の数が新聞社に比べて圧倒的に少ない民放テレビの記者は、政治や事件など一部の分野を除けば一般紙の記者にとってはニュースをめぐる競争の脅威ではありません。

まとめると、文化やルールを共有しているのは、全国紙、地方紙、通信社、ＮＨＫの記者だということです。例えばスポーツ紙や雑誌、民放などにも記者がいますが、ニュース価値の基準や

新聞の政治的スタンス

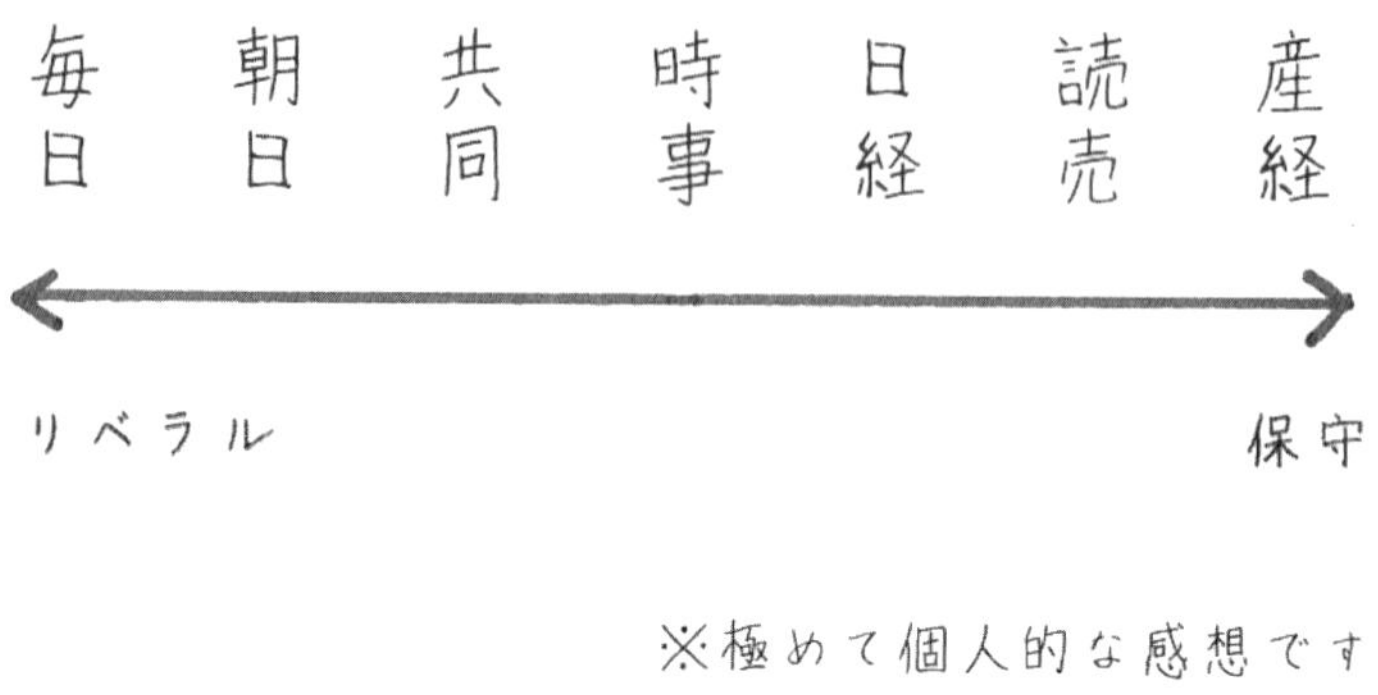

求められる正確性が異なるため、同じ土俵の上で戦っているという意識はあまりないのです。

政治的スタンスの違い

「不偏不党」や「公平中立」をうたう新聞業界ですが、実際にはそれぞれ特定の政治的立場があります。具体的にはどのように分かれているのでしょう。

もちろん数値で測るのが難しい問題ですし、テーマによっても異なります。ただ、「わからない」と言ってしまうと身も蓋もないので、私の独断と偏見で目安を図で示しておきましょう。重ねて断っておきますが、この分類に違和感を覚える人もたくさんいるでしょうし、そもそも合理的な評価方法はありません。

上の図がそれですが、自分でもすっきりしないことを告白しておきます。例えば朝日と毎日の位置付けは、産経・読売ほどの差はないような気がします。しかも毎日は個々の記者の論調の違いを、紙面にも割とオープンに反映させてしまうため、朝日に比べ幅が広いと思います。

日経についても、基本的にはやや保守寄りですが、テーマによっては朝日新聞や共同通信に近くなります。「財界の広報紙」と揶揄されることが多く、確かにそう思われても仕方のない側面はあるのですが、一方で環境問題や会計基準などをめぐり財界と意見が対立することもあります。

通信社も含めたのは、地方紙の論調に影響を与えていると思うからです。時事通信は共同通信に比べると規模が小さく、配信を受けている新聞社も数が限られます。保・革の特色をはっきり打ち出さないのは、論調を中立的にすることでどちら側の新聞でも採用できるようにする戦略なのかもしれません。いずれにせよ、こうした各社のカラーを頭に入れてニュースを読むことは重要です。これらを知るには、安保法制や原発など、政治的立場の違いがはっきり表れるニュースが発生したときに、各紙を読み比べてみるといいでしょう。

コラム：日本の新聞の特殊性

新聞は世界のほとんどの国で発行されているはずです。しかし同じように「新聞（ニュースペーパー）」と呼ばれていたとしても、その実態は様々です。例えば北朝鮮の「労働新聞」は独裁政党が発行しますし、中国のように民間の新聞があっても言論の自由がかなり制限されている例もあります。同様に、同じ先進国・民主主義国であっても、日本の新聞と欧米の新聞はその姿や性格が大きく異なります。その違いの大きさは、それぞれの国の政治制度の違いに匹敵すると考えてもそれほど間違ってはいないでしょう。

日本の新聞の特徴は何と言っても発行部数が多いことです。意識している人は少ないかもしれませんが、日本は世界でも群を抜く「大新聞」がゴロゴロしている不思議な国なのです。例えば読売新聞の発行部数は1000万部の大台は割り込んだものの、まだ公称900万部（概数、以下同）を超えています。これは共産圏の新聞が衰退した今となっては、世界でも圧倒的な規模といえます。全国5紙では一番少ない産経新聞でも160万部で、世界的に有名な米ニューヨークタイムズの平日版（100万部）を超えています。

日本の新聞社の規模が大きいのは、太平洋戦争で紙が不足した時期に、国が全国にたくさんあった新聞社を強制的に統合し、全国紙と「1県1紙」に再編してしまった結果です。もちろんこの政策には、検閲などの情報統制をしやすくするという狙いもありました。

米国では地方紙の廃刊が劇的に加速していますが、日本では部数が減ったとはいえ倒産や廃刊に追い込まれたところは少数です。これは、新聞経営の大規模化がすでに終わっているからです。

こうした体制は、報道姿勢にも影響を与えます。例えば新聞社は、抱える読者が多いほど、多様な意見に配慮せざるを得なくなります。読者の反発が予想される「尖った主張」はしにくくなり、どうしても最大公約数的な論調になりがちです。最近は「偏向報道」が批判されますが、欧米には特定の階級や政党支持層を想定した新聞が多く、日本では考えられないほど過激な主張もしています。

同じ理由で新聞に盛り込まれるコンテンツも多彩になります。子どもからお年寄りまで楽しめるよう、テレビ欄、将棋・囲碁欄、連載小説や四コマ漫画など、娯楽も充実しています。この「多様なコンテンツをパッケージにして売る」というモデルが、ネットの登場で通用しにくくなったことも新聞の苦境を招いている要因でしょう。

いずれにせよ、新聞を分析したり、改革案を構想したりするときは、こうした日本特有の条件も考える必要があるでしょう。

ポイント

新聞記事は最低でも3人がチェックする。重要な記事は編集幹部も含む大勢がチェックする。したがって情報としての正確性は相対的に高い。

記者という役職はニュース部門のピラミッドでは最下層。紙面上で個人的な主張を展開できるような権限はもっていない。

新聞の文化やルールを共有してスクープ競争しているのは、全国紙、地方紙、通信社、ＮＨＫである。週刊誌やスポーツ紙とは同じ土俵で戦っているという意識はない。

第4章

新聞記者を理解する

記者とはいったいどんな人種なのでしょう。テレビのニュースなどから、なんとなくイメージができているかもしれませんが、記者が何を考え、行動し、記事を書いているかまで想像できる人は少ないと思います。しかし、記事を正確に読み解くには、こうした記者の行動原理を理解しておく必要があります。この章では、記者にとってどんなことが「ニュース」なのか、どうやって特ダネにつながる秘密情報を得ているのかも説明します。

1　記者の仕事

読者に代わって「情報処理」をする

ところで、記者はどんな仕事をしているのでしょう。もちろん、取材して記事を書くのですが、ジャーナリズム論ではよく、「権力の監視」「正義の実現」「真実の追求」などが挙げられます。しかし、これは仕事の中身というよりは目的や理想を表した言葉です。もう少し即物的に事実だけを述べれば、「読者に代わって情報を処理している」ということができます。読者は記者たちが処理した情報を受け取っているわけです。

ニュースと記者と記事の関係は、缶詰やお菓子といった加工食品に例えるとわかりやすいでしょう。こうした商品の原料は、もとはといえば海に泳いでいる魚であったり、畑に生えている植物だったりします。それらを集めて手を加えた製品が店頭に並び、私たちの口に入るのです。

こうした商品がなければ、私たちは自分で原料を探したり、加工したりしなければなりません。原料を運んだり、味を食べやすいように整えたり、本当に食べても安全なのかを確かめたりする作業なども自分でする必要があります。そうした様々な作業を個人でしていては、人生は食べ物を集めるだけで終わってしまいかねません。それで、農業、漁業、工業、商業といった様々な業種が生まれ、仕事を分担しているのです。

情報もこれと同じです。もし新聞やテレビといった報道機関がなければ、個人が実際に何が起きているのかを現場に見に行ったり、ネットなどに溢れている真偽不明の情報を、いちいち本当かどうか確かめたりする必要があります。専門家が書いた難しい文章を読み解いたり、だれかの発言のニュアンスを自分で解釈したりする必要もあるでしょう。言い換えると、こうした「情報を処理して一般の人がすぐ理解・利用できるカタチにする」という作業を、忙しい読者の代わりにするのが記者の本来の役割なのです。

では、記者が扱っている情報とは、どんなものなのでしょう。読者にとって、お金を払う価値があるのだとすれば、その情報を得るにはそれなりの手間がかかるということになります。どういう点が面倒なのかに着目すると、記者の仕事は次の８つに整理できるでしょう。裏返すと、その「面倒くささ」を引き受けるのが記者の仕事であり、付加価値の源泉だということになります。

収集＝散らばっている情報を集める

発掘＝隠れている情報を探し出す
体験＝一般の人がしにくいことを代わりにやってみる
検証＝真偽がよくわからない情報を確認する
選別＝広く知られるべき事柄かどうかを判断する
消化＝複雑な情報を解きほぐしてわかりやすくする
解釈＝事柄の本質を指摘し、意義付けをする
主張＝あるべき姿を指摘する

ニュースを集める――収集、発掘、体験、検証

具体的に説明すると、「収集」は情報を拾い集めてくる作業です。ただし、日本の新聞社の場合は「記者クラブ」という特別な組織を持っており、黙っていても一定の情報が集まってくる仕組みになっています(☞)。例えば財務省などの中央官庁や、都道府県の警察、エネルギーや自動車といった業界団体ごとに記者クラブがあり、その分野を担当する記者が常駐しているのです。

記者クラブ自体は記者同士の親睦会のような団体なのですが、実際には役所や企業の中に常駐できる部屋を借りており、便宜上この記者室も「クラブ」と呼んでいます。重要な発表をする「記者会見」や、定期的に統計などについて説明する「レク（レクチャーの略）」、プレスリリースだけを配る「投げ込み」はこの部屋で行われます。不祥事などがあった場合には、記者クラブと

して取材対象に会見を申し入れることもあります。

部屋にはホワイトボードがあり、役所など取材対象が申し込んできた記者会見や投げ込みなどの予定が書き込まれます。つまり、ここにいれば自分の担当分野でいつ、何があるのかがだいたいわかるようになっているのです。もちろんクラブの記者も外に出て取材をしますし、社会部などでは普段はクラブに属さずネタを探し、大事件の際には臨機応変に応援をする「遊軍」と呼ばれる人たちも一定数います。ただ、日本の新聞のネタの多くがこの記者クラブを通じて集められていることは事実です。

これに対し、「発掘」は表面的な観察だけでは見えない事実を明らかにすることです。例えば、役所が記者クラブやホームページなどを通じて公表する統計情報は誰でも見ることができます。しかし、データを特殊な手法で分析すると、それまで知られていなかった事実が浮かび上がってくることがあります。

誰かが意図的に隠している秘密を明らかにすることもあります。秘密には、犯罪者が自分のしたことを隠しているようなケースもあれば、企業同士が口外しないという約束をしたうえで合併交渉をしているようなケースもあります。スクープの多くは、こうした「暴露」の要素を持っています。

「体験」は、現場に足を運んで周りを観察したり、何かを自分で試してみたりすることです。例えば災害現場や紛争地帯で何が起きているかは、そこにいる人にしかわかりません。重要な情報ではありますが、一般の人はそうした場所に行きたいとは思わないでしょう。少し次元は違いますが、発売前の新型自動車を運転して、操作性や乗り心地を知ることもできません。ここに、「現場に行ってみる人」「試しにやってみる人」の存在意義が生まれるわけです。

「検証」は、情報の精度や真偽を調べる作業です。例えば「噂話」は世の中に溢れています。しかし、その多くは悪意や誤解に基づいた情報で、いちいち真に受けていると大変な目にあうことが少なくありません。その情報が信じるに足るものかどうかを判断するには、信頼性の高い証拠を探す必要があるわけです。一般に「取材」と呼ばれる活動は、こうした「収集」「発掘」「体験」「検証」の総称だといえるでしょう。

ニュースの加工——選別、消化、解釈、主張

次に、「取材」によって得られた情報は、真偽や実現性、重要度などに応じてふるいにかけられます。報道に値するものかどうか、報じるとしたらどれくらいの優先順位で扱うか、といった判断を下されるのです。これが「選別」の作業です。

さらに、情報は一般の人が使いやすいように「消化」されます。専門用語を日常用語に言い換えたり、長い発表文を要約したりするわけです。料理でいえば、生の具材を調理して、美味しく、食べやすいように加工するのと同じです。これが原稿を書く作業の本質です。

こうした情報に「解釈」を加えることもあります。例えば政治家が会見で発言した内容をその

まま報じただけでは、ニュアンスや、それが社会にどう影響するのかがわからないケースがあります。そういうときに、「これは従来の政府見解を踏襲するという意味だ」とか、「この発言は政局にどういう影響を与えるか」といった論評を加えるわけです。

報じた事柄について賛否を表明したり、あるべき姿について提言したりすることもあります。こうした「主張」も記者の仕事の一つでしょう。すでに述べたように、戦後の新聞社は「客観報道」を重視してきましたが、最近は「反対ばかりで対案を出さないのは卑怯だ」「もっと自分の立場をはっきり表明すべきだ」といった声を受けて「主張」を前面に出すスタイルを売りにする新聞社も増えてきました。

ニュースの価値を判断する

先に述べた作業のうち、選別について解説しておきましょう。ニュースの価値判断は今も昔も「プロのカン」が支配する世界です。では、実際の現場では、どのような観点から記事（見出し）の大きさが決まるのでしょう。大まかにいうと、次のような基準が存在していると思います。

社会への影響
読者の関心
新奇性（新しさ、珍しさ）

独自性（取材が単独か共同か、独自記事か同着記事か）
政治性（自社の政治的立場との距離）
紙面需給（紙面に対するニュースの量）

6項目のうち、前半の「社会への影響」「読者の関心」「新奇性」は「一般的なニュース価値」に相当します。まず、そこから説明しましょう。

新聞社が記事の扱いの大きさを判断する際にまず考えるのは「社会的影響の大きさ」です。つまりそのニュースの影響を受ける人が世の中でどれだけいるか、どれだけ大きな影響を受けるか、といったことです。

例えば集団的自衛権の合憲性を巡って議論になった「安全保障法制」は最上級で扱うことになります。国際紛争にどういう方針で対処するかは、しばしば国の命運を左右し、国民の生活や人生にも重大な影響を及ぼすからです。

同じ観点からいえば、企業ニュースでも、その事業規模や産業のすそ野の広がりによって扱いは変わってきます。例えばトヨタやパナソニックのニュースは、中小企業に比べ大きくなります。従業員、消費者、取引先、拠点を置く国の数が非常に多く、その業績の浮沈はときに本社や工場のある地域の景況感にも影響を与えるからです。

「社会的影響」の中には、「その後の展開」も含まれます。例えば「影響が長く続くかどうか」

という時間的な広がりです。1面トップで報じられるニュースは、ほとんどの場合、続報を伴います。第一報の後、どれだけ続報が出てくるかといった見通しも、記事の扱いの大きさを決める重要な判断材料になります。

当然、「他の分野への広がり」も考慮します。例えば企業が利益を操作するなどの会計不祥事が明らかになったとしましょう。大企業だったとしても、それが社長の減給処分で終わるだけなら、それほど大きく扱う必要はありません。しかし、「同じ手口の粉飾決算を他の企業もしている可能性がある」「それを防ぐために法律の改正が必要になるかもしれない」といったケースでは、扱いは大きくなります。

同様に「読者の関心」も大きな要素です。例えば、「食品への異物混入」は、いつの時代でも日常的に起きていることです。「虫が入っていた」「製造機械の破片が混入した」といった事件は、一定の確率で起きており、普段はよほどのことがない限り、大きく扱われません。ただ、何かのきっかけで社会の関心が高まると、状況はまったく変わってきます。普段なら記事にならないような、それほど深刻ではないケースも事細かに取り上げられるようになるのです。

どの分野に関心が向くかは、「その新聞の読者層」にも左右されます。例えば日経新聞であれば、読者の大半は経済に対して特に関心が高いわけです。すると、他紙に比べて経済ニュースの扱いは大きくなります。同様に、産経新聞の読者には国防問題に強い関心を抱く読者が多いでしょう。すると、自衛隊や海外の軍隊の動向は他紙と比べ大きく扱うことになります。

「新奇性」とは、「ニュース（ＮＥＷＳ、新しいこと）」の語源にも関わる要素です。「新しさ」「珍しさ」がニュース価値の構成要素だということです。先に挙げた「人々の関心の高さ」とも関係します。新しいこと、珍しいことには多くの人が関心を持つからです。

昔から新聞業界では、「犬が人に噛み付いてもニュースにならないが、人が犬に噛み付けばニュースだ」といわれます。犬の管理者責任が厳しく問われるようになった現代では、犬が人に噛み付けば十分記事になるような気もしますが、かつて犬が放し飼いになっていた時期には犬が人に噛み付くのは珍しくなかったのでしょう。いずれにせよ、新聞はニュースの「新しさ」「珍しさ」にこだわります。これは見出しで「初の」「～年ぶり」といった表現が多用される理由でもあります。読者に「これは新しいことなんですよ」「めったに起きないことなんですよ」と強調しているわけです。

新聞社の事情による判断

これに対し、後半の３つは、「新聞社側の事情」といってもいいでしょう。

最も重視されるのは、独自性です。わかりやすくいえば「自社が単独で報じるネタかどうか」ということです。スクープは１社独占で報じるからこそ価値があることを考えれば、これは当たり前だといえるでしょう。

具体的には、まず「単独取材か、共同取材か」というレベルがあります。有名人へのインタビ

ニュース判断の基準

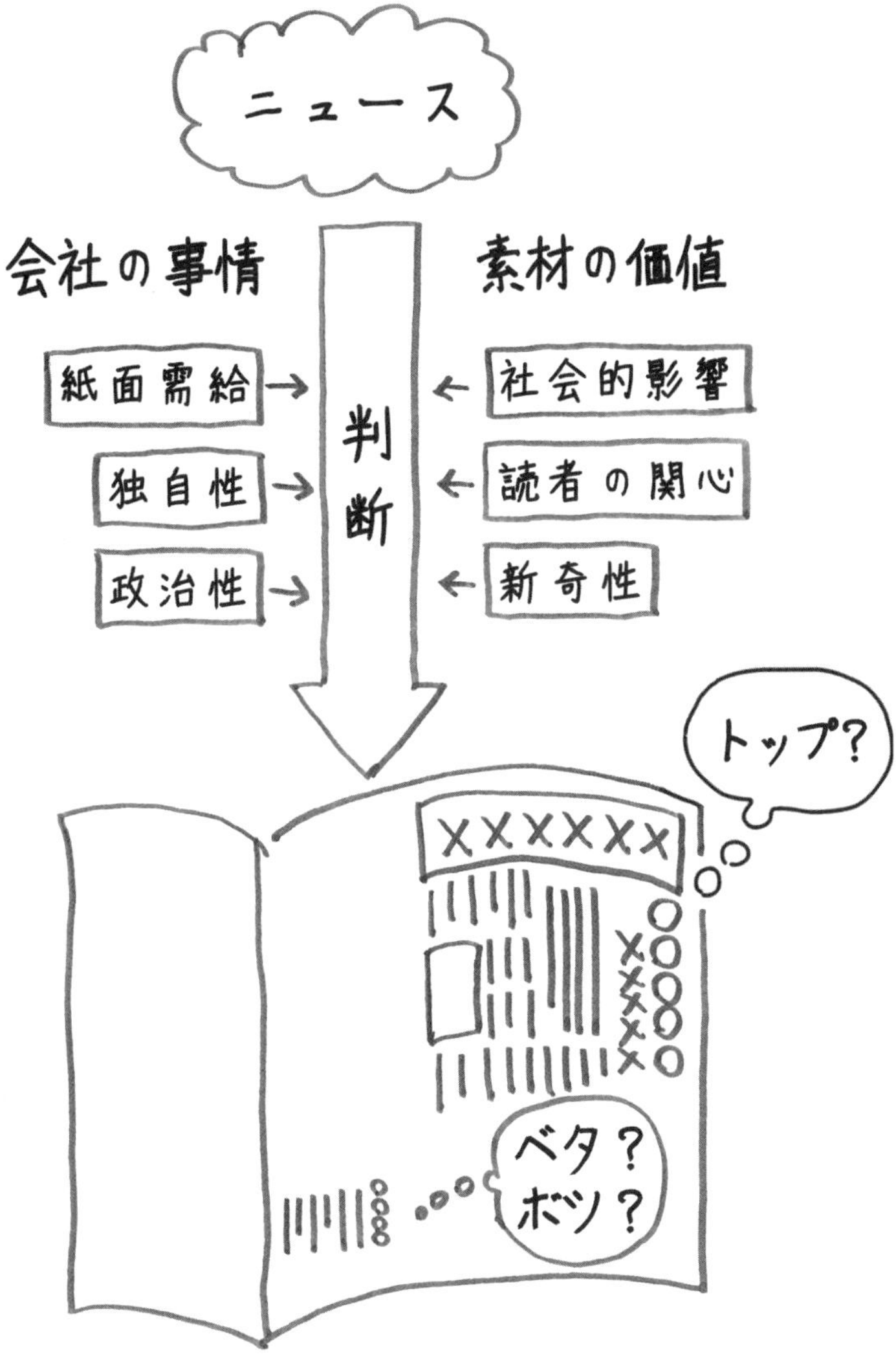
ニュース
会社の事情
素材の価値
紙面需給
独自性
政治性
判断
社会的影響
読者の関心
新奇性
トップ?
XXXXXX
ベタ?
ボツ?

ューを例に挙げると、記者が一対一で話を聞くケースと、記者会見などで複数社が同時に話を聞くケースがあります。この場合、より価値が高いのはいうまでもなく前者です。

同様に、事件や事故でも、複数の社が気付いていれば価値のランクは下がります。逆に、他紙が気付いていなくて、自社だけが取材しているのであれば、これはスクープになり得るので、当然、価値はより高くなるのです。これを別の側面から言い換えれば、「そのニュースが自社単独なのか、他紙も同着で報じるのか」ということです。単に独自性があるだけでなく、自社が報じれば、他社も後追いで報じざるを得ないような記事が、最も価値が高いといえるでしょう。

次に問題になるのが「自社の政治的スタンスとの距離」です。新聞社はそれぞれが独自の「社論」を持っています。その社論に基づいてニュースを論評したり、主張をしたりするのが「社説」と呼ばれるコラムです。この社論は社説欄だけで展開される訳ではなく、ニュースの報じ方や記事の扱いの大きさにも影響を与えます。有り体にいえば、「自社の社論を補強するようなニュースは大きく扱う」ことになるのです。

例えば安全保障法制についていえば、賛成の立場の読売・産経と、反対の立場の朝日・毎日では、紙面の構成がかなり異なってきます。両陣営とも憲法学者のコメントは賛否両論を紹介していますが、自社の持論に沿った意見により多くの紙面を割いています。市民団体などによる反対集会についての扱いも、賛成派は小さく、反対派は大きく扱うわけです。

「政治的」というと保守・革新の程度だけが問題のように聞こえるかもしれませんが、この基準の中には「どの分野・テーマを重視するか」という判断も含まれます。例えば、日経新聞は経済紙ですから、他社に比べて経済ネタの扱いは大きくなります。あるいは、後でも説明しますが、「自社がスクープしたテーマは続報も大きく扱う」という力学が働きます。これも広い意味での政治的基準に含まれます。

最後が「紙面需給」です。これは紙面の面積に対して記事として載せるべきニュースがどれだけあるかという、需要と供給のバランスを意味します。新聞は、その日にたくさんニュースがあろうがなかろうが、毎日、決まったページ数を記事で埋めなければいけません。ところが、1年の中で「まともなニュースだけでは紙面が埋まりそうもない」という日も少なからず存在します。こういう日には、普段ならベタ記事にしかならないようなネタでも、大きく扱われることがあります。

紙面における記事の扱いは、以上6つの基準で決まります。もちろん、いずれも客観的に数値化できるようなものではないので、出稿部や整理部の記者・デスクがそのつど議論して決めます。しかし、これだけあいまいな基準であるにもかかわらず、ベテランになると判断に大きな差はなくなります。不思議なことに、長年同じ職場にいると、「相場観」が共有されるものなのです。

2　記者はどうやってネタを取るのか

機密情報を獲得する

記者はニュースのネタをどのように得ているのでしょうか。記者会見など記者クラブを通じた取材は一般の人にもある程度は想像がつくでしょう。そこで、前節で「発掘」として説明した部分の中でも、役所や企業などが秘密にしている情報を取得する活動に焦点を当てたいと思います。スクープの多くはこうした活動から生まれます。

記者はどうやって機密情報を手に入れるのでしょう。様々な方法がありますが、基本的には、「情報を持っている人から聞く」ことになります。新聞の場合、よほど特殊な状況でなければ盗聴や盗撮、コンピューターのハッキングなどの手段は正当化されません。

一方、一般紙では、うわさや状況証拠だけでニュース記事を書くことはできません。特ダネにつながるような話を聞いたとしても、それが事実であると上司も確信できるだけの裏付け（直接証拠）を得なければならないのです。

この手続きは「ウラをとる」と呼ばれます。記者が書いた原稿の内容は、先輩記者やデスク、部長などから「当事者から話を聞いているか」「当事者が認めたのか」を常にチェックされます。原則として、どちらかの条件を満たしていないと記事は掲載されないのです。

この点は、スポーツ紙や週刊誌の大半と比べ、日本新聞協会に加盟している報道機関のハードルは極めて高いといえます。「新聞は憶測で記事を書く」と感じている人も多いようですが、実際にはそれは無理です。もちろん、それでも裏付けが不十分な記事は出ることがありますが、少なくとも他の媒体に比べれば非常に少ないと思います。

しかし、当然のことながら当事者から秘密を聞き出すのは簡単ではありません。特ダネにつながるような重要な情報であるほどそうです。例えば官僚が政府の極秘計画を漏らしたり、警察官が捜査情報を漏らしたりすれば、公務員の守秘義務に違反したことになります。要するに犯罪者になりかねないのです。にもかかわらず、新聞には様々な秘密情報が暴露されています。つまり、記者はキーマンから秘密を聞き出しているのです。

新聞に特ダネが載ると、よく「誰かが情報をリークしたのだ」という噂が流れます。「リーク」というのは、秘密情報を持っている人が、何かの意図を持って記者に情報を流すことを意味します。確かに、取材先が秘密情報を進んで提供してくれるケースがないわけではありません。しかし、その大半は、新しい政策や商品についてです。「あなたにだけリークしましたよ」と記者に恩を売ると同時に、その件について大きく、肯定的に取り上げてもらうのが目的です。

こうした情報は形式上は秘密ですが、組織としては「大きく報じてほしい」情報です。実際、こうしたリークは、組織の判断として流しているケースが少なくありません。言い換えると、リークで得られるのはその程度のネタでしかありません。全国紙の1面トップを飾るような特ダネが空から降ってくるようなケースはまずありません(☞)。報じて本当に意味がある情報は、秘密を知っているキーマンを探し出し、その抵抗を排して聞き出す必要があるのです。

「秘密情報」を得る方法

では、記者はどのように特ダネに結びつく秘密情報を得ているのでしょうか。もちろんそのノウハウ自体が記者や新聞社にとってのトップシークレットです。ただ、それでは話が終わってしまうので、代表的な手法を挙げておきたいと思います。

こうした取材の成否は、結局のところ「秘密を知っている人を見つけられるか」「その人に秘密を漏らす動機を持たせることができるか」という点にかかっています。

ただし、記者の世界にはタブーがあります。「色」と「金」は使ってはいけないことになっているのです。つまり、色仕掛けで相手を籠絡《ろうらく》したり、金で情報を買ったりしてはいけないということです。少なくとも、全国紙や地方紙についてはこうした不文律は共有されています。

では、どうするのか。情報のやりとりが人と人との間でなされている以上、そんなに特殊なことをしているわけではありません。どうすればうまくいくかは、立場を入れ替えて「自分が漏らしてはいけない秘密を漏らすのはどんな時か」を考えれば簡単にわかるのではないでしょうか。

まずは、「秘密だと気づいていないとき」でしょう。すでに相手が知っていることや、広く知られている事実について話すことに、誰も抵抗感は持ちません。言い換えると、取材先に「記者はすでにこの事実を知っている」「この事実はすでに一般に知られている」と思わせることができれば、秘密を聞き出すことができるのです（☞）。一般的な言葉でいえば「カマをかける」わけです。

ただし、この方法を使うには、相手にそう思い込ませるだけの情報をこちらが持っておく必要があります。演技力も要求されるでしょう。失敗すれば「こいつは知らないことを知ったふりをして聞いてくるやつだ」と思われ、次からは取材がしにくくなってしまいます。ですから現実的には「ジグソーパズルの最後のピースを集める」ときにしか使えません。もっとも、経験の浅い記者ほど、いきなりこうした取材でネタを取ろうとして失敗するものです。

カマをかけなくても、相手が「秘密ではない」と思っていれば雑談などの中で情報が得られることもあります。一つひとつは大した情報ではなくても、集めてつなぎ合わせると大きな秘密の全体像が浮かび上がってくることはよくあります。例えば、社長室でお茶汲みをしているヒラ社員と仲良くなったとします。本人は会社の機密情報に触れているわけではありませんが、社長の仕事の忙しさはリアルタイムで知っています。応接室でインタビューを待つ時間に、お茶を出しに来たその社員と雑談し、「最近、社長はお忙しいんですか」などと聞きます。もし本来は暇な時期に「最近はだいたい外に出ていますね」などと答えれば、社長が社外で普段はしない活動をしている兆候かもしれません。こうした事実をつなぎ合わせると、一般に考えられている以上に重要な情報を得られるものなのです。

自ら秘密を話すとき

自分から秘密を漏らしてしまうもう一つのケースは、「話すのは嫌だけど、話したほうがましだ」と思うときでしょう（☟）。

卑近な例で説明しましょう。あなたは男性で既婚者だとします。あるとき、昔別れた元カノと街でばったり出会い、話の流れでランチをともにしてしまいました。別にロマンチックな話をしたわけでもないし、よりを戻そうという気持ちもありません。今の連絡先を交換することもなく、別れました。

ただし、妻に対しては罪悪感があります。別れたとはいえ、元カノと食事をしたというのは、奥さんにとっては面白い話であるわけがありません。

あるとき、妻が「この前◯◯ちゃんが、レストランであなたを見かけたそうよ」と話しかけてきます。◯◯ちゃんは夫婦共通の友人で、自分と元カノの過去も知っています。あなたはドキッとするでしょう。

目撃されたのが、元カノと一緒にいたところなのかどうか妻の言葉からはわかりません。ここでは2つの可能性が考えられるでしょう。つまり妻が、あなたが元カノと一緒にいたことを知っているケースと、全く知らないケースです。前者であれば、あなたはカマをかけられているか、試されているのです。

あなたの心には葛藤が生まれるはずです。もし彼女が元カノとの会食だと知らないのであれば、

「ああそう」とやり過ごせばいいだけです。あるいは、「人違いじゃない？」とごまかすこともできます。しかし、万が一、彼女が◯◯ちゃんから元カノといたという目撃証言を得ているのなら、こうしたごまかしは命取りになります。「事実を隠そうとした」ということで、彼女はあなたに不信感を持つでしょう。嘘をついた後で「あれは単に食事しただけだ」と主張しても、信じてもらうのは難しいはずです。おそらく彼女の頭の中では、「浮気したに違いない」「ヨリを戻したのでは」と、実際よりずっと悪い方に想像が広がってしまうでしょう。こうなると、誤解を解くのは難しくなり、最悪の場合は別れることになってしまうかもしれません。

一方、自分から「実は…」と話せば、状況は少しだけマシになるかもしれません。喧嘩にはなるかもしれませんが、自分から「自白」したことで、言い分を聞いてもらう余地は生まれます。このストーリーの最もいい結末は「嘘を言ってごまかし、何事もない」になります。妻が正しい情報を得ていないケースです。逆に最悪なのが、「嘘を言ってごまかし、破局を迎える」でしょう。両者の中間に「正直に言って喧嘩になるが、破局には至らない」があります。あなたならどれを選ぶでしょう。

いずれにせよ、記者が取材先に「本当のことを話した方が傷は浅い」と思わせることができれば、秘密情報を手に入れるチャンスが広がります。ここで挙げたのはほんの一例で、記者はこうしたさまざまな手法を駆使しながら取材活動をしているのです。

3　記者はどのように評価されるか

記者はなにを考えているか

新聞記者は、日々どんなことを考えながら仕事をしているのでしょうか。ネットで新聞批判を眺めていると、記者の行動については大きな誤解があるようです。典型的なのが、「情報操作をすることで特定の思想を広めようとしている」といった見方です。中には、オカルト的な陰謀論としか思えないものもあります。

私が現場で見てきた経験からいえば、こういうタイプはまずいません。もしかすると昔はいたのかもしれませんが、少なくとも私の記憶では、他紙も含めてこういう人はいませんでした。仮にいたとしても、すぐに記事を書けない部署に異動させられてしまうでしょう。

では、どういうタイプか。基本的には「ちょっと意識高い系のサラリーパーソン」が多かったと思います。激務で、時には危険も伴う職業を選んだ人たちですから、「フツーの人」かといえば、もちろん違います。「世の中に影響力を持ちたい」とか、「(自分の信じる)正義を実現したい」という気持ちが世間一般の人より強いということは間違いないと思います。ジャーナリズムがどうあるべきかといった議論にも強い関心を持っています。

ただ、人並みはずれたレベルでそう考えている人はそれほど多くありません。それでいいのか

ニュース記者の評価基準

情報収集力	スクープがとれる
	抜かれない、特オチしない
器用さ	紙面を埋められる
	反響の大きい記事が書ける
緻密さ	専門知識が豊富
	記事が正確

はともかく、平均像としてはせいぜい「ちょっと意識高い系」というのが妥当だと思います。

「サラリーパーソン」という部分は、要するに組織人として生きているということです。これは意外に思う人が多いかもしれません。記者といえば一匹狼タイプのイメージがあるのではないでしょうか。もちろん、そういうタイプは世間一般よりは多いかもしれませんが、少なくとも私が入社したころには、すでにこうしたタイプは少なくなっていて、「記者がサラリーマン化した」という批判が出始めていました。

　これは記者が「自分が新聞社という組織からどう評価されるかに軸足を置いて行動している」ということです(☞)。役所や企業といった組織で働いている人であれば、どういう意味か難なく理解できるはずです。要は、上司の評価を気にしたり、同僚と昇進の速さを競ったり、次に配置転換される部署を気にしたりしながら生きているということです。

これは別の側面から見ると、記者という一見特殊な職業人の頭の中を、一般の人が想像するのはそれほど難しくないということを意味します。記者が組織の中でどんな基準で評価されるか、何を目指し、何を恐れているかさえ知れば、行動原理は簡単に理解できるのです。

では、記者という職業ではどのような基準で評価が決まるのでしょうか。ニュース部門で働く記者の場合、報道に関わる部分では、図のような基準があります。

まず記者の間で最も重視されているのが、特ダネや独自ダネをとってくる能力、言い換えると「情報収集力」です。俗にいう「スクープ記者」は、やはり一目置かれます。

例えば、1面トップ、黒地に白抜きのヨコ見出しで報じるようなスクープを書けば、社内では社長賞、編集局長賞などの対象になります。そうした記事をたくさん書いた記者は、社内で重要とされる部署や担当に異動しやすくなったり、管理職として出世しやすくなったりします。

逆に、「抜かれる」記者は評価を落とします。たとえ「いい記事」をたくさん書いていても、自分の担当分野で大ネタをボコボコ抜かれていれば、ほどなく他の担当や部署に異動させられるでしょう。中でも怖いのは、「特ダネ」の反対である「特オチ」です。特ダネというのは大ネタ(大ニュース)を1社単独で抜くことですが、逆に大ネタを一社だけ落とすと、担当記者は悲惨な状況に追い込まれます。さすがに全国紙4社が書いて1社だけ落とすケースは稀ですが、例えば3社が書いて2社が落とせば、落とした方はやはり「特オチ」とみなされます。こうした「抜かれ」「特オチ」を繰り返していると、下手をすると「記者としての能力がない」と決めつけられて、あまり記事を書かせてもらえない部署に異動させられることにもなりかねません。

これは大半の記者にとっては恐怖です。記者というのは、取材や記事の執筆がしたくて新聞社に入社しています。途中でそうした仕事が嫌になる人もいますが、ほとんどは現場から離れたくないと考えているからです。

記者は「競争」している

ですから、かなり乱暴に一般化してしまうと、記者の行動原理の第一は、「自分の担当分野で他紙に抜かれないこと」になります。次が「スクープを抜く」、そこまで大きなネタでなくても「独自ネタを書く」ということになるでしょう。

これは、記者が「取材記者でいる」ことを最優先すれば当然の帰結です。仮にスクープを抜かなくても記者ではあり続けられますが、頻繁に抜かれれば取材記者ではいられなくなる恐れがあるからです。最低限、「抜かれない」こと。そして、できれば「抜く」こと。これが、記者の頭のかなりの部分を占めています。考えてみれば、こうした競争にどこまで意味があるかは疑問です。無意味と言わないまでも、記者の間で最も重要な「ゲームのルール」である必然性はないはずです。しかし、長い歴史の中で根付いた文化なので、若い記者の多くがバカげていると思っていても、現実にはなかなか変わりそうにありません。

記者の頭の中

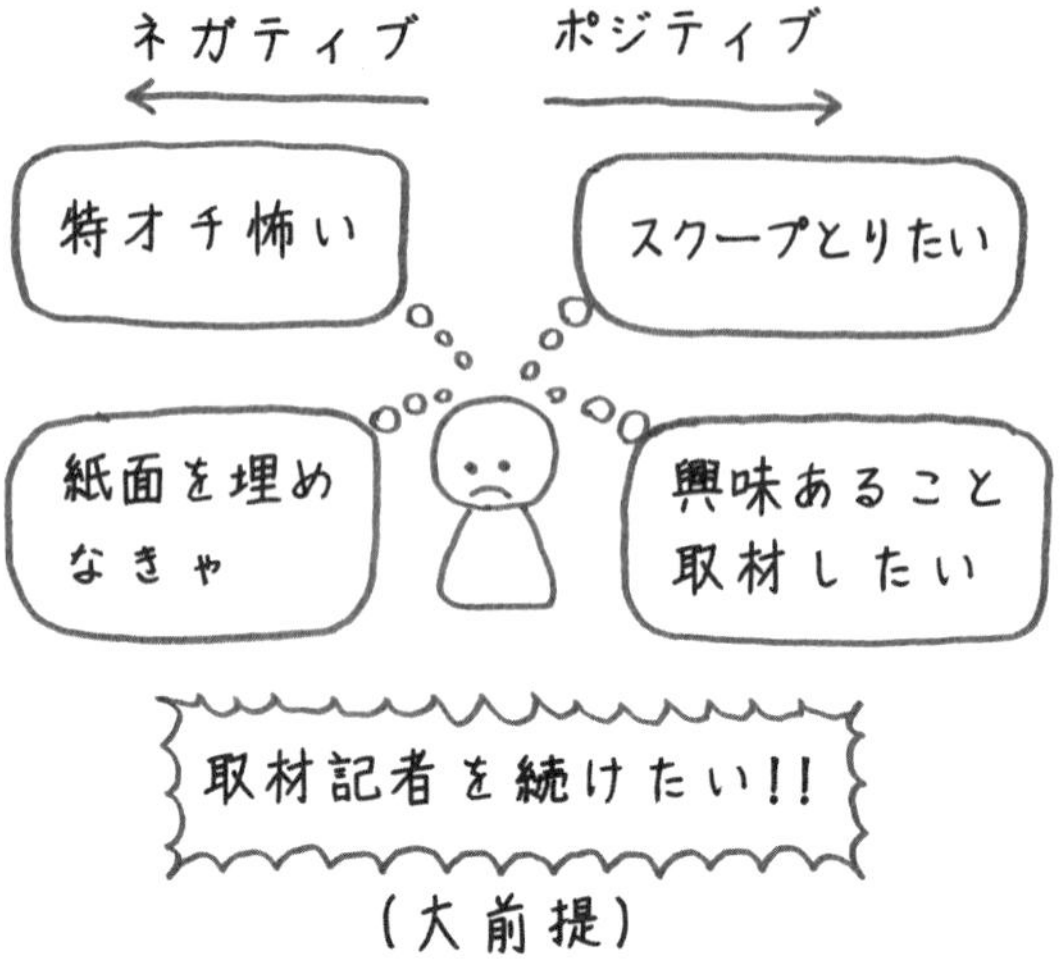

ところで、紙面はスクープや独自ダネだけで埋まっているわけではありません。日々、決まった面積の紙面を記事で満たすには、解説記事や、「まとめモノ」「傾向モノ」も必要です。紙面が空いているときに、こうした記事を出せることも記者の評価に繋がります。

スクープ記者でも、こうした能力がなければ評価はかなり下がります。スクープを取るにはこうした「雑事」をなるべく回避して、取材網を広げたり、情報を分析したりすることに時間を費やした方がいいのですが、そればかりしていると、「あいつは日々の紙面に貢献していない」「美味しいところだけ狙っている」というレッテルを貼られてしまいます。

記者はこうした評価軸の中に身を置き、行動しています。具体的に、平均的な記者の頭の中を覗いてみると、図のようになっていると考えられます。

記事を読むうえでは、記者がこのような精神構造をしているということを頭に入れておくことが重要です。例えばスクープが出た後、抜かれた記者は必死で挽回を図ろうとします。同じネタで続けざまに抜かれていると、記者生命の危機が訪れるかもしれないからです。

たとえ第一報で抜かれても、すぐに同じネタで抜き返したり、同じ担当分野の別のネタで抜けば、多少とも汚名返上に繋がります（☞）。こういうケースで記者は必死になります。必ず続報で「抜き返す」ことを狙うわけです。

とはいえ、抜かれたということは情報源を他紙に押さえられるなど、そもそも不利な状況にあるわけで、挽回も容易ではありません。一方で、「続報で抜かなければ」という焦りは、第一報で抜いた側より格段に強いわけです。こういうケースでは、「たいしたネタでもないのにさもスクープ級であるように社内でプレゼンして記事を大きくする」といった策に走りがちです。次に抜かれると大変なので、十分に確認しないまま記事にするなど、誤報のリスクも高まります。

つまりスクープによって表面化したニュースについては、抜いた社の情報が比較的、安心して読めるということがわかります。逆に、抜かれた社、とくに特オチした社の記事は、少し気をつけた方がいいでしょう。記事の扱いが相場より水増しされていたり、確認が不十分だったりするケースがどうしても多くなるからです。

抜かれた取材チームの担当分野には大きなプレッシャーがかかります。例えば日銀の記者クラブは、日銀の金融政策と金融機関を担当するチームが所属しています。銀行ネタで1紙がスクープを打てば、他紙の日銀クラブ員は、日銀ネタや別の銀行ネタなどで打ち返す必要があるわけです。

抜かれた時の「挽回圧力」は各社一様ではありません。例えば企業ニュースの場合、日経新聞が抜いたのであれば、他の一般紙の記者はそれほど激しく責められません。「そもそも日経は担当記者が多いのだから、あそこに抜かれるのは仕方ない」という雰囲気があるからです。逆に、日経が企業ニュースを一般紙に抜かれると大変です。そもそも日経の場合は、「記事に書く前に企業に発表された」「他紙と同着になった」場合でさえ「負け」とみなされます。まして抜かれた場合、担当者は真っ青になって挽回を図っていると考えていいでしょう。案件が固まっていない段階でフライング気味に書いてしまうケースが多いのもこのためです。

また新聞社のカラーも影響します。例えば、他紙に比べて記者の数が少ない毎日新聞や産経新聞は、「そもそも少ない人数で戦っているのだから仕方がない」という雰囲気があります。一方、読売新聞は「やられたらやり返さないと記者として認められない」という社風があります。これは経済記事に限ると日経も近いものがあります。毎日新聞は「普段は少々抜かれてもいいから、抜く時は新聞協会賞級の大ネタを抜く」というところがあり、実際に協会賞に限れば明らかに健闘しています。

こうした「挽回圧力」がどれくらい強いかは、スクープを追いかける記事をよく読めば、なんとなく見えてくるはずです。「やられた。まずい」と感じているケースでは、なんとか敵の功績を過小評価しようとするので、後追い記事の扱いが小さくなりがちです。逆に、他紙の第一報と同じくらいの扱いで追いかけ、スクープに書かれていたファクトや評価をきちんと書いている場合は、冷静さを保っている、と判断できます。大ニュースの場合、スクープした社がどこか、それを追う社にどれくらい挽回圧力がかかっているかを見極めることは、続報の「質」を推測するうえで重要なことなのです。

ところでこうしたゲームのルールが業界全体で共有されていることは、新聞という報道機関に大きなパワーを与えています。1紙の報道内容が、「スクープを追いかける」という形で、直ちに全国規模で広がるからです。私はこれを勝手に「新聞業界のリツイート効果」と呼んでいます(☞)。

ツイッターでは、面白いつぶやきがあると、読んだ人が次々に転送（リツイート）してあっという間に何万という人に拡散します。これと似たような仕組みが新聞業界には組み込まれていて、1紙のスクープが、他紙の後追いや抜き返しによって大きな影響力を作り出しているのです。スクープ競争には時代遅れで不合理な面が多いのですが、こうした効果があることも事実です。

4　新聞と権力

癒着はあるのか

新聞批判の中でもとくによく聞くのが、「日本の新聞は権力と癒着している」というものです。中には、「大新聞は国や大企業の意を受けて国民を洗脳し、操縦しようとしている」といった陰謀論めいた批判もあるので、読者の中には、記者がどの程度、権力から独立しているのか気になっている人もいるのではないでしょうか。

一般に「権力」とは、政府や政治家など、社会に大きな力を行使できる人や機関を指しています。現代社会では大企業などを含めることもあります。

その意味では新聞自身が、まぎれもなく「権力」の一つです。義務教育の社会科では行政（政府）、立法（国会）、司法（裁判所）の三権について学びますが、これに対してマスコミを「第四の権力」と呼ぶこともあります。理想的には、各権力は互いに独立して牽制し合うことが重要とされます。いずれかが暴走するのは危険だからです。しかし、現実にはマスコミは、こうした役割を果たせていないのではないか、という批判が少なからずあります。

新聞社に身を置いた者として実感を述べておけば、確かに欧米流のジャーナリズム論の基準を当てはめれば、癒着があると言われても仕方がない面はあると思います。例えば、取材対象との会食です。政治面には「首相動静」など、首相官邸にだれが出入りしたか、首相が誰と会ったかなどをまとめた欄があります。ここを見ていると、ときどき新聞社のトップと首相が会食した、と書かれています。政府を厳しく監視するべき報道機関のトップが、首相と仲良く食事をするなどけしからん、という声はあります。同様に、記者が取材先と会食したり、ゴルフをしたりといったことは、部によっては普通に行われます。ただしその場合も、おごられたらおごり返すか、割り勘や自腹で払うのが常識です。こうした親睦を深める行為は、重要な情報を得るには有効なのですが、お互いの緊張感を鈍らせるという批判はあって当然だろうと思います。

新聞と「圧力」

ただ、一方で新聞が政府や大企業のいいなりで記事を書いているかと言われれば、自分の経験から言ってもそうではありません。例えば私は、ある中央官庁で起きた重大ミスについて書いたことがあります。このときは掲載後に幹部に呼び出されて抗議を受けました。内容については役所側も否定はできなかったのですが、「見出しがミスリーディングだ」というのです。しまいには法的措置までちらつかされました。おそらく幹部としては、強い態度に出ることで、我々が続報を書くことを躊躇すると思ったのでしょう。ただ、実際には「ご趣旨はわかりましたが、見解の相違ですね。訴えるなら、どうぞご自由に」と言ってその場を辞し、続報の準備に取り掛かりました。「ここまで過剰に反応するということは、痛いところを突かれたということだ」と、報道の方向性に自信を深めたものです。

広報担当の方にはぜひ覚えておいてほしいのですが、記者というものは、脅されると闘志に火がつくタイプの人が多いので、こうした対応は逆効果です。

では、広告主はどうでしょう。とくに日経新聞については企業との癒着が疑われることが多いと思います。これも個人としての経験から言えば、記者をしている間、記事を書くときに広告への影響を意識したことは一度もありませんでした。

例えばこんなことがありました。私がある商品の欠陥について記事で指摘しようとした際、メーカーから圧力を受けました。記事が出ることを知った企業から呼び出されたのです。行ってみると、部屋には日経新聞や、日経グループが出している雑誌がずらりと広げられていました。その会社が各媒体に出している広告のページが開かれていたのです。

「うちは御社にこんなに広告を出しているのですよ」。広報担当者はこう言って記事の撤回を迫りました。私は、「そうですか。しかし広告部門と我々編集部門は完全に分離していて、私には関係ないんですよ」と説明するしかありませんでした。

記事が出た後、その企業には消費者から苦情が殺到したそうです。もしかすると、日経への広告は引き揚げられ、広告部門の担当者は大変な思いをしたのかもしれません。しかし、私の耳には一切そうした話は入ってきませんでした。組織がそういう仕組みになっているのです。

実際、記者が広告部門から「記事に手心を加えてくれ」などと言われることはありません。万が一そういうことがあれば、間違いなく現場のデスクや記者の大反発を受けるでしょう。幹部がその場を抑えたとしても、記者が雑誌にたれ込むなどして必ず世間に知られ、スキャンダルになります。信用を落として部数が減るのは当然として、関与した幹部も首が飛ぶなど報いを受けるはずです。「企業の御用新聞」と陰口を叩かれる日経でさえそうですから、他の全国紙も同じでしょう。おそらく地方紙でも同じだと思います。

本当に大きいのは「読者の意向」

ただ、日本の新聞が「権力と戦うマスコミ」と言えるかと問われれば、私も否定せざるを得ません。特オチを恐れる記者の文化が、取材先との決定的な対立を躊躇させている面があることも、自分自身の経験から言って確かです。広告についても、現場に明示的な圧力はないものの、ニュースの価値判断や見出しの表現など記者が直接タッチしない部分で、「上層部が配慮しているのでは」と感じるケースが増えてきたことも事実です。

一方で、読者が突き詰めて考えなければならないこともあると思います。それは、私たち国民が、本当に「戦うマスコミ」を欲し、支持しているのか、という問題です。報道機関も含め、どんな権力も、国民の意思と無関係には存在し得ません。日本の総理大臣は民主的な選挙システムによって選ばれた国会議員が選んでいます。裁判所の判決は国民の感情を忖度して出されています。最高裁の判事は国民投票による承認を得なければなりません。官僚も政策を立案するときは

「世間の空気」を読みながら進めます。新聞に構想をリークして反応を探るのはこのためです。

同様に、マスコミもまた、民意から独立して存在することはあり得ません。新聞社は、だれも新聞を買わなくなれば潰れてしまうからです。記者や新聞社が、権力者の動向をまったく気にしていないわけではありませんが、それ以上に気にしているのは読者、国民の意向です。ときに「偏向」と批判される報道姿勢も、実はそのほとんどは主要読者に「迎合」した結果なのです。

日本では最近、マスコミの政府批判に対して厳しい声が増えてきたと思います。まだ少数ではありますが、政府の政策を批判する新聞に対して、「国の足を引っ張るのか」という声が上がっています。仮にこうした声が増えて、新聞の不買運動などに結びついていけば、新聞社は政府批判をしなくなるかもしれません。これは、実際に１９３１年の満州事変の頃に起きたことでもあります。反戦的な論調を掲げていた新聞が、不買運動などによる読者減少を恐れて、軍部支持へと変わっていったのです。

もちろん、だからといって新聞に戦争責任がなかったというつもりはありません。報道機関やジャーナリストは、こうした圧力も跳ね返し、戦わねばならない存在だと思います。しかし、新聞社に「反戦の論調は読者に支持される」という確信があれば、こうしたことが起きなかったとも思うのです。

欧米の主要ジャーナリズムの多くは確かに日本より「反権力」の姿勢が強いと思います。これは、読者がそれを支持しているからです。同じレベルで「反権力」の新聞が日本にあったとして、それが百万部単位の読者を獲得できるかと言えば、おそらく難しいでしょう。

政治や新聞だけが、国民の民主主義への理解度と乖離《かいり》して良くなることはありません（☞）。日本の新聞社の報道の質を上げるのに、新聞社自身の努力が必要なことはもちろんですが、私たち読者の側も努力していく必要があるのではないでしょうか。

ポイント

- ニュースに取り上げる判断は「社会への影響」「読者の関心」「新奇性」「独自性」「政治性」「紙面需給」の6つの要素に基づいて行われる。
- 記者が最も恐れるのは「特オチ」（特ダネを複数社に抜かれること）である。
- 記者や新聞社が権力者の動向を気にしているのは事実だが、それ以上に気にしているのは国民の意向である。

「エリート」はなぜ新聞を読むのか

ここまで新聞を読むための基礎について説明してきました。次章からはそれらを応用した、記事の一歩進んだ読み方を解説していきますが、その前に「そもそもなぜ新聞を読む必要があるのか」「新聞を読むことにはどんな効用があるのか」について考えてみたいと思います。

新聞の購読者はものすごい勢いで減っているのですが、実は新聞記者の多くはその実感をあまり持っていません。私も新聞社にいたころは毎月、日経を含む主要紙の発行部数の増減について会議で聞いていましたが、正直なところピンときていませんでした。それは、記者が取材などを通じて付き合っている人たちのほとんどが、新聞を読んでいるからです。

例えば大企業の幹部や社員、政治家、官僚、学者といった、いわゆる「エリート」で新聞を読んでいないという人はほとんどいません。自宅で購読しているかどうかはともかく、少なくとも職場ではかなりの頻度で紙の新聞を読んでいるのです。

政治部や経済部といったセクションにいる限り、「新聞離れ」が現実の風景として目に入ってくることは稀です。むしろ、取材先と話していると、「あのスクープはどこの社が抜いたのかな」「おたくの紙面に面白い記事が出ていたね」などと日常会話の中に新聞の話題がよく出てきます。もちろん相手が記者だからなのですが、それを割り引いても新聞が広く読まれているという錯覚を持ちやすいのです。

これは裏を返すと、エリート層では新聞がまだ読まれていることを意味します。もちろん新聞の閲読率は下がっているでしょうし、10年、20年たてば状況は変わってくるかもしれませんが、当面この状況は変わらないでしょう。

こうした人たちは、社会の平均からするとメディアリテラシーがかなり高い集団に属しています。新聞に書いてあるからといって情報を鵜呑みにしたり、ありがたがったりする人たちではありません。にもかかわらず、こうした人たちが新聞を読むのはなぜでしょう。

まず言えることは、新聞情報の信頼性について肌感覚を持ちやすい立場にいるということです。新聞から情報を得るだけではなく、新聞を通じて情報を発信する機会が多いので、新聞というフィルターを通すと情報がどのように変質するかや、どれくらいの確率で誤報が起きているかなどを自分の経験を通じて知っているのです。そのため、新聞がときどき誤った情報を流すことや、偏った報じ方をすること自体は当然よく知っています。しかし一方で、SNSやブログを通じて個人が発信している情報など、他の媒体から得られる情報に比べて新聞記事の信頼性がどれだけ高いかも、一般の人より実感しやすい立場にいるのです。

こうした層と新聞業界が、「何が重要なニュースか」といった情報の取捨選択において、価値観をかなり共有しているということも理由の一つでしょう。

例えば、政治家や官僚の仕事の一つは、国や自治体といった社会の仕組みを作ったり、変えたりすることです。新聞というメディアは、こうした動きを優先的に報じる傾向があります。もしかすると世間の大多数は、この先、法律がどう変わるかよりも、ひいきのサッカーチームの試合結果や、人気歌手の動向の方に強い関心を持つかもしれません。しかし、こうしたニュースは、一般紙では社会問題に比べ小さな扱いしか受けません。

もちろん、テレビやネットメディアでも、社会問題は扱われます。しかし、ほとんどの場合、報じられるのは「法改正が決まった」「新しい制度が導入される」といった節目だけです。この点、新聞はそうした政策の構想が浮上し、それを巡って様々な集団の駆け引きが起き、利害調整を経て決まるまでの長い過程を報じます。

大きな制度変更があったときに、「そんなの知らなかった」「マスコミはこれまで報じてなかったじゃないか」という声をよく聞きます。しかし、その多くは新聞紙面では半年、1年前の構想段階から報じられている内容です。テレビやネットを見ていてもわからないだけで、新聞にはけっこう細かい経過が載っているものなのです。

こうしたニュースが「決定済み」になってからしかテレビやニュースサイトで大きく扱われないのは、世間一般の関心が高くないからです。要するに、途中経過を報じても、視聴率やクリック数をあまり稼げないのです。この点、新聞は宅配が大半を占めていることもあって、一般的な関心は高くなくても社会的に重要なニュースだと判断すれば掲載します。これは視聴者からの受信料で経営が成り立っているＮＨＫも同じです。

こうして、エリート層の中では、数あるメディアの中から新聞が優先順位の高い情報源になります。すると新聞は「共通の話題の供給源」としての役割を持つことになります。

どんな仕事もそうですが、政策決定や大きなビジネスの場では、個人間のコミュニケーションが非常に重要になります。互いの距離を縮めたいとき、「共通の話題」は欠かせません。これは、だれもが日常生活で感じていることだと思います。相手と親しくなるには、顔を合わせた時のちょっとした会話が重要です。「昨夜のテレビドラマ、面白かったね」といった話題は、その典型でしょう。この場合、テレビというメディアが話題提供の役割を担っているのです。

政治やビジネスの世界では、この役割の一部を新聞が果たしています。仕事の必要上から多くの人が新聞を読んでいるので、そこで取り上げられたニュースや名物コラム、連載小説などは共通の話題にしやすいのです。これはビジネスパーソンがこぞってゴルフをする理由と似ています。要するに一種のコミュニケーションツールになっているのです。

それぞれの立場での活用法

しかし、「エリート」でなければ新聞を読む価値はない、というわけではありません。例えば、ビジネスをしていれば、たとえ小さな企業であっても様々な法律の規制を受けます。国や自治体の補助金の動向、公共投資の予算規模などもビジネス上の戦略を考える上で重要な要素でしょう。ライバルに後れを取らないためには、こうした政策変更が決まる前の段階で先を読み、備えなければなりません。個人投資家も同じでしょう。デイトレーダーの場合は少し戦略が違うかもしれませんが、中長期で株式や為替の取引をする人は、政策変更が市場にどんな影響を及ぼすかを正確に予測する必要があります。

こうした立場にいる人は、「制度変更が決まってからテレビで知る」というのでは手遅れです。制度設計を手掛けている政治家や官僚に直接話を聞ければ一番いいのでしょうが、大半の人にとっては難しいでしょう。次善の策としてメディアから情報を得るとすれば、新聞が最も詳しく、手頃なはずです。

「ネットで情報を集めればいいではないか」という人もいるでしょうが、例えば役所の情報は、中身が正式に決まってからしか発表されません。しかも、ほとんどの場合「お役所用語」で書かれており、慣れている人でなければ正確な意味やニュアンスがわからないことがあります。その点、新聞は発表前の段階から報じますし、役所の発表内容も一般の人がわかる表現に「翻訳」して報じます。ネットで発表の原本に当たるのは、それを読んでからでも遅くないし、その方がおそらく効率的でしょう。

これは市民運動などをする人にとっても同じです。ある政策の導入を国に求めたり、ある政策に対して異議申し立てをしたりする場合、「全てが決まってから」では意味がないことがほとんどです。もちろん、有権者なら一人一票を持っているので選挙でそれを行使することは可能ですが活動家の多くはそれとは別のルートで政策決定に関わりたいと思っているはずです。

そのとき、影響力を行使する上で最も効果的なのは「政策の検討段階」でしょう。役所や政党が制度変更について検討、議論している時に声を挙げるのが最も意見を反映してもらいやすいはずです。こうした適切なタイミングを見極め、誰に話を持っていくのが最も効果的かを知ろうとするとき、新聞というメディアは役に立つはずです。

政治家などに働きかける市民運動家も含め、「エリートと接点を持つ可能性がある人」にも、新聞は有用なメディアです。いわゆる「エリート層」に属していなくても、役所や政党、大企業などに属する人と交渉をしなくてはいけない人はたくさんいるはずです。こうした人たちにとっては、新聞を読むことは「相手が持っている情報を知る」手段になります。同時に、雑談などでコミュニケーションを図る際の「共通の話題」としても無難なのです。

こうした立場の典型が、就職活動をしている大学生でしょう。志望する業界によっても異なりますが、例えば名の通った大企業や役所に就職しようとすれば、交渉相手はいわゆるエリートになります。当然、こういう人たちは新聞をよく読んでいます。志望先が大企業や役所でなくても、これは同じです。どんな組織でも、採用に携わる企画部門や人事部門の人は社内エリートであり、新聞を主要な情報源の一つと位置付けているはずだからです。

例えば、「最近の大学生のイメージ」は、新聞報道を元に形作られていることが多いので、それを頭に置いた上で相手と接する方がいいでしょう。新聞が、「最近の若者は無気力で根気がない」というイメージを振りまいているなら、それが正しかろうが間違っていようが、相手に自分はそうではないことを印象付ける必要があるわけです。

新聞の選び方

これから新聞を読もうとしている人が、最初に考えなければならないのは、「どの新聞を選べばいいのか」ということでしょう。定期購読するなら年間では5万円前後にもなる高額商品ですから、慎重に選ばなければなりません。

ポイントは、目的をはっきりさせることです。「新聞を読むことで自分が何を得ようとしているのか」を掘り下げて考える必要があるのです。

例えば就職や就職活動を控えた学生なら、大きく分けて2つのアプローチが考えられます。1つは「新聞からどんな情報を得たいか」で、もう1つは「自分が就職する（したい）業界で、どの新聞が最も読まれているか」です。前者は「自分に合わせて選ぶ方法」、後者は「相手に合わせて選ぶ方法」と言い換えてもいいかもしれません。

「自分は社会人としての常識が不足している」と考えている学生がいるとします。この人に必要なのは、社会で何が起きているかについての情報と、それを理解するための知識です。具体的には、時事用語、政治や経済の仕組み、経済についての基本データなどということになります。

この場合、選択の基準は「自分が学びたいことがたくさん書かれているか」と、「記事を読んで理解できるか」の2点になります。受験参考書と同じで、実際に複数の新聞を読み比べて、一番読みやすく、ほしい情報がたくさん載っているものを選べばいいのです。

こうした「自分に合わせて選ぶ」という方法に対し、「相手に合わせて選ぶ」という方法もあります。「周りの人の話題についていくために読む」というケースです。これは先に書いた「エリート」が新聞を読む理由の一つでもありました。

一般に、就活生が日経新聞を読むことを奨励されるのは、後者のためです。日経はビジネスパーソンの間でよく読まれているから、読む意味があるのです。裏を返すと、日経をほとんど読んでいない業界に就職する人は、日経を読んでもあまり意味がないかもしれません。地元で圧倒的なシェアを持つ地方紙を読んだ方がいいケースは少なくないはずです。

第5章

情報を立体的に読み解く

これまでの章の知識を用いて、「情報分析」について考えてみたいと思います。この章では、3つの要素から情報を「立体的に」読み解いていく方法について学びます。それを利用して、まずは新聞記事をより深く読み解く練習を行い、次に実際の「ニュース」の背景を、さらにはビジネスなどに応用する際のポイントについて考えていきます。この方法は情報のプロであれば誰でも行っている方法といってよいでしょう。

1　情報の3次元分析

プロは情報をどう見るか

記者が記事を書いて発表するのは情報発信ですが、その前提となる取材活動は情報分析そのものです。例えば、警察がある事件の容疑者として誰かを逮捕するという特ダネを書くには、警察組織からその情報を得る必要があります。しかし、警察官は未発表の捜査情報を漏らすことは法律で禁じられているので、この作業は簡単ではありません。

それを成功させるには、警察組織の中で情報がどのような経路を伝わっていくか、誰が情報を漏らす動機を持っているか、といった情報が必要です。さらに、関係者の発言から断片的に得られた情報をつなぎ合わせ、事件や捜査状況の全体像を推測する作業も重要になります。

ところで、情報にも様々な種類があります。例えば株価の動きのような「データ」も情報です

情報を立体的に見る

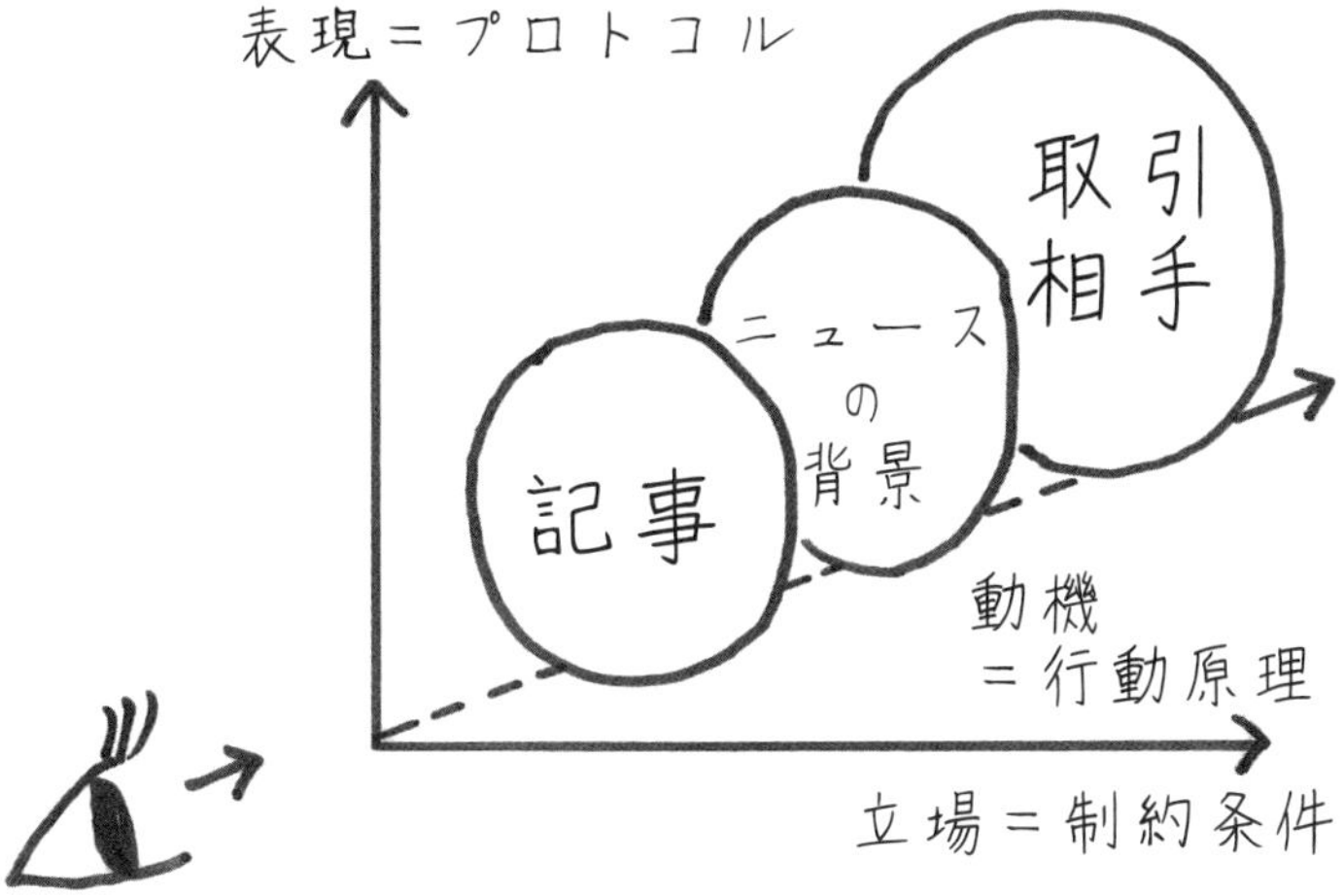

し、船乗りが海の上で天候の変化を予測するときに見る、雲の色や形も情報の一種だと言っていいでしょう。ただ、ここで扱うのはこうした意味での情報ではなく、人や、人が集まって作る組織・集団が発信する情報です。「データ」に対して「メッセージ」だといってもいいでしょう。何か伝えたいことがあって、発しているからです。こうしたメッセージの特徴は、正しい手順を踏めば、相手が伝えようとした内容や意図が理解できるという点にあります。そもそも相手は何かを伝えようとしているのですから、必ず手がかりがあるのです。

　では、その手がかりにはどんなものがあるのでしょう。ここでは3つの側面から分析する方法を説明したいと思います。3つの側面から見るということは、物事を3次元で捉えるということを意味します。つまり、分析する対象が「立体的」に見えてくるのです。具体的には、発信者の「表現」「立場」「動機」の3つを考える必要があります。

発信者の「表現」

メッセージの本質を捉えるには、まず相手が使う言葉やジェスチャーといった「表現の様式」を知る必要があります。極端な話、自分の知らない言語で話しかけられても、相手のメッセージを理解することはできないでしょう。相手が身振り手振りで意図を伝えようとしても、文化が違えば正反対の意味で使われていることもあるので、むしろ誤解を生んでしまうことさえあります。

こうしたコミュニケーションで使用される表現の様式は「プロトコル」と呼ばれます。人によっては馴染みがない言葉かもしれませんが、例えばインターネット上でコンピュータ同士が情報をやり取りするルールも「通信プロトコル」といいます。電気信号を送る手順や、信号の意味を世界で共有することによって、国境を越えたコンピューターのネットワークが機能するのです。同様に、世界共通の、国同士の外交の手順や手続きも「プロトコル」と呼ばれます。こうした共通の表現方法を理解することが、コミュニケーションが成り立つ前提条件になります。

発信者の「立場」

次に、発信者の「立場」について説明しましょう。子どもの頃、親や教師から「相手の立場に立って考えてみましょうね」と諭された経験は、誰にでもあると思います。これは相手の振る舞いが持つ意味を理解する上で、決定的に重要な態度だからです。

相手がどんな状況で発信しているのかは「情報の質」を考える上で不可欠です。同じ人でも立場によって発言が変わることはよくあります。「個人としてはこう思うが、組織の一員としてはこう言わざるを得ない」といったジレンマは、誰しも経験したことがあるはずです。

ここで言う立場には、「立っている場所」、つまり相手を取り囲んでいる「環境」も含みます。どのような環境にいるかによって、人の行動は変わるからです。こうした、発信者の立ち位置や置かれている状況は、「制約条件」と言い換えることができるでしょう。これを知ることでメッセージが持つ意図や限界が見えてくるのです。

裏返せば、相手の置かれている環境や立場によって、メッセージの解釈がまったく違ってくるケースは少なくありません。例えば真冬の屋外で相手が「寒い」と言えば、文字通り受け取ってもいいでしょうが、それが真夏なら「風邪をひいた」といった別の意味の可能性が高いのです。

発信者の「動機」

3つ目の要素は、発信者の「動機」、つまり胸の内を理解することです。もっとも人間の心の動きは本人でさえつかみどころがなく、客観的に解明するのは不可能でしょう。ですから、ここでは「発信者にとっては何がプラスで、何がマイナスか」という単純なベクトルに絞って考えたいと思います。ゲームに例えれば、「何が得点になり、何が失点になるのか」ということです。

人や組織は行動の方向性を決める上で、こうした基準を必ず持っているものです。人間本性の理解としてはやや単純すぎるかもしれませんが、一般に人々を行動に駆り立てるのは、こうした動機付け（インセンティブ）があるからだといっていいでしょう。

例えば企業活動は「利益」というインセンティブが原動力になっています。その中で働く人たちの行動も、「もっと多くの給料を得たい」「出世したい」「花形の部署に異動したい」といった動機に基づいています。わかりやすくするために「動機」と表現しましたが、組織の分析でも違和感がないよう、「行動原理」と呼んでもいいかもしれません。

まとめると、情報を分析するには、それを発信した人（集団）の「表現＝プロトコル」「立場＝制約条件」「動機＝行動原理」の3点を知る必要があるわけです。

バレンタインデーの例で考えてみる

どういうことか、あえて新聞からかけ離れた例について考えてみましょう。日本企業で働き始めたアメリカ人のA君が、同僚の女性で日本人のBさんからバレンタインデーにチョコレートをもらったとします。

A君は、日本でバレンタインデーに女性から男性にチョコレートを贈る風習があることを知らなかったので、大変、戸惑います。このときA君が、Bさんから渡されたチョコレートに込められた意味（メッセージ）を読み解くのに必要な条件は、先ほどの3つの軸から考えると次のように整理できるでしょう。

「表現＝プロトコル」……日本におけるバレンタインデーの慣習
「立場＝制約条件」……Bさんは職場や家族の中でどのような位置にいるか
「動機＝行動原理」……Bさんにとって望ましい結果とは何か

バレンタインデーのチョコレートが何を意味するのかを知らなければ、メッセージは読み解けません。つまり、日本では女性が男性に愛の告白をする小道具としてチョコレートを渡すという風習があることを知る必要があります。

では、A君は「そうか、Bさんは僕に愛の告白をしたのか」と解釈するのが妥当かといえばそうとも限りません。最近は廃れつつありますが、日本企業には「義理チョコ」という、さらに奇妙な風習があるからです。「高級なチョコレートをもらったときは『本命』、ひと山いくらのチョコレートなら『義理』」といったことまで知る必要があるのです。

次に考えなければならないのはBさんが、職場や家庭といった環境の中でどのような「立場」にいるかです。例えばBさんにとってA君が上司ならば、ゴマをするための、いわば「賄賂」なのかもしれません。あるいは、Bさんが既婚者か独身者かも重要な情報でしょう。夫がいるから必ず「義理チョコ」だと断じることはできないとしても、「本命」である可能性がかなり低いとは判断できるはずです。こうした情報をプロトコルに重ね合わせることで、メッセージの意味がかなり具体的に浮かび上がってきます。

最後に「行動原理」を検討してみましょう。これは、そもそもBさんがどのような動機やその優先順位に基づいて行動を決定しているか、という情報です。例えばBさんが恋愛や結婚など眼中になく、会社内での出世だけを目指している人であれば、「賄賂」に近い意味があるかもしれません。逆に、会社の出世など二の次で、「仕事はほどほどで、恋愛している時間が最も幸せ」というタイプだったら、A君は警戒するにせよ喜ぶにせよ、メッセージの意味をかなり慎重に吟味する必要があるでしょう。

2　新聞記事の3次元分析

情報を3つの軸から読み解く方法を、新聞記事の分析に応用してみましょう。新聞記事というものは、記者が読者に発するメッセージだと言っていいでしょう。何かを伝えたり、説明したりするために書いた文章だからです。従って、この情報を立体的に読み解くための3要素は、記者・新聞社の「表現＝プロトコル」、「立場＝制約条件」、「心理＝行動原理」、ということになります。ここまで読んでお気付きになった人もいるかもしれませんが、実は本書の第1・2章で説

記事を読み解くための基本情報

表現 プロトコル （第1・2章）	記事の重要度を見出しや配置で表現する リードの定型文で案件の進捗などを示す オフレコの発言者は定型の主語で表す
立場 制約条件 （第3章）	原稿は3〜4人からチェックを受ける 記事の扱いや見出しは整理部員が決める 記事の中では個人的な主張はできない
動機 行動原理 （第4章）	記事の重要度は6つの要素から決まる 特ダネを書くと勝ちで、抜かれると負け 特オチを恐れ、特ダネを求める

明した内容が「表現＝プロトコル」、第3章が「立場＝制約条件」、第4章が「心理＝行動原理」に該当します。

新聞情報を立体的に捉えるには、まず記者が記事の中で使う言葉の意味や、見出しに込められたニュース価値の判断などを正しく読み取る必要があります。次に、記者がどのような環境の中で記事を作っているかを考える必要があります。これは、記事情報が持つ「限界」について考えることを意味します。最後に、それらを踏まえた上で、記者の行動原理を考えながら、記事の本質や全体像、次の展開を読み解くのです。

記事の重要度を分析する

手始めに、これらを手掛かりにニュースの「重要度」を分析する方法について考えてみましょう。

まず、見出しや記事の大きさ、形、配置などをプロトコルを踏まえてみることで、新聞社がそのニュースをどのように順位付けしているかがわかります。例えば、あるニュースを1面のトップに置いたということは、それが他の全てのニュースより重要だと判断しているわけです。一般的には、それだけ社会的な影響が大きいことを表していると言えそうです。

しかし、すでに述べたように、記事の扱いは「社会的な影響の大きさ」だけで決まるわけではありません。それ以外にも「読者の関心の高さ」「新奇性」「独自性」「政治性」「紙面需給」が影響します。例えば、「読者の関心の高さ」という判断項目は、その新聞の主要読者に影響を受けます。産経新聞であれば、思想的に保守寄りの人や高齢の人が関心を持つテーマを重視するでしょう。日経新聞なら、ビジネスパーソンや投資家にとって影響が大きいニュースは扱いが大きくなります。

独自記事かどうかも重要なポイントです。その新聞がスクープしたことで社会的な関心が高まったニュースの場合、第一報はもちろんですが、続報についてもその新聞は最優先で扱います。新聞業界で最も権威があるとされる賞に、「新聞協会賞」があります。新聞社や記者にとっては、このニュース部門で表彰されることは一つの目標になっています。この賞では、「○○の特報を含む一連の報道」という形で応募するのが一般的です。受賞の可能性がありそうなテーマなら、当然、続報にも力が入ります。読む側から言えば、「盛り上げすぎている」可能性を加味し、大きな扱いをしていても多少割り引いて見た方がいいことになります。同様に、何ヵ月も続く長期連載をしている場合も、その関連ニュースは扱いが大きくなります。新聞のキャンペーンは雑報、連載、調査、シンポジウムなどを組み合わせて展開されます。連載を第二弾、第三弾と続ける場合は、そのテーマに関連したニュースの価値判断は一段階高くなるのです。こうした新聞の行動原理も考慮する必要があるのです。

記事がどんな制約条件のもとで書かれているのかにも注目します。例えば紙面需給には注意しましょう。ニュースや特ダネが少ない「ネタ枯れ」の日には、いわゆる「暇ネタ」が、社会的重要性や読者の関心などでは説明がつかないくらい大きな扱いを受けるからです。

こうした時期には、ニュース価値が低いネタを、あたかも特ダネであるかのように書いている場合も少なくありません。とくに政策に関する記事ではこうした「なんちゃって特ダネ」が多くなります。

霞が関の中央官庁は政策に関する大量の文書を作成、配布しています。例えば、有識者から意見を聴取する会合や、政策の方向性を検討する審議会などでは、必ず官僚が作った説明資料が配られます。これまでの議論の整理、諸外国の例、今後の検討課題などが盛り込まれており、出席者はそれを叩き台にして議論するわけです。同じ資料は、与野党の関係者やマスコミに対して官僚が説明する際にも使用されます。

実は、霞が関や永田町で取材している記者にとって、こうした説明資料は「暇ネタの宝庫」です。というのも、分量が多過ぎて、配られた翌日に載せる記事ではすべての内容を紹介しきれないからです。

審議会などが開かれると、翌日の朝刊（ネットでは当日の夕方以降）に記事が出ますが、その会合での決定事項が中心になるので、資料の中身に触れる余裕はありません。しかし資料の中には作成した省庁の考えや、検討している政策など重要な論点を含んでいるケースがあります。

記者は重要ニュースだけでは紙面が埋まらないとき、こうした資料をネタとして使います。どの新聞もまだ書いていなければ「独自ダネ」になり得るからです。

問題になるのは書き方です。資料が配られた当日には書いていないわけですから、裏返せばその時点では「すぐに報じるほどの価値はない」という判断をしているわけです。一方、ある面のトップなどで報じる以上、「重要である」と言わなければなりません。また、すでに資料の配布からは日が経っているのでニュースの鮮度（新奇性）という意味では価値が落ちています。やや言い方は悪いですが、この矛盾を「書き方でごまかす」必要があるのです。ここからは「プロトコル」の話になってきます。

まず、日付が問題になります。新聞は新しさをニュース価値の重要部分だと位置付けています。リード文に必ず日付が入っているのはこのためです。この日付は原則として朝刊なら前日、もしくは配られる当日です。そうでなければ「新しい話ではない」ことになってしまうからです。

そこで、この手の記事では、日付は朝刊の前日にする代わりに、「◯日までにわかった」「◯日までに明らかになった」などと「までに」という表現を使います。本当は1週間前の審議会で配られた資料で明らかになっていたのですが、「1週間前にわかった」では、なぜその時に書かなかったのかという話になるので、「これは昨日までにわかったのです」と、ネタが新鮮であるかのように装うわけです。「このほど」という表現を使うこともあります。「このほどわかった」「○○省がこのほどまとめた内部資料によると」などとするのです。この表現を使うときは、わかってから数日、場合によっては数週間が経過している可能性があります。

記者の行動原理から考える

記者の行動原理を考えると、こうした記事が生まれる背景には主に2つのインセンティブが働いています。まず、なるべく大きな記事を書きたいということです。記者が資料を読んで「これは今後の議論を考える上で本質的な論点を含んでいる」と思ったとします。しかし、当日に書くと詳しく説明するだけのスペースがもらえない場合、後日、ネタがない日（相対的にネタの価値が上がるとき）まで温存しておくのです。

第二に、新聞社では「紙面が埋まらないときに原稿を出せる」という能力が、スクープを取る能力に負けず劣らず高く評価されるということも影響しています。

記者としては手持ちのネタで大きな記事を書け、デスクにも恩を売れるのですから、こうした隠し球はなるべくたくさん持っておきたいと思うものなのです。

こうした「なんちゃって特ダネ」は、ニュース価値を水増ししているという意味では読者を騙していると言えるかもしれません。ただ、ニュース価値というのは相対的なものであり、日によっても変わり得るものです。重要な内容を含んでいるのなら、日を改めてきちんと詳細を報じることが一概に悪いとは言えないでしょう。

むしろ重要なのは、こうした背景まで知った上で記事を読まなければ、ニュース価値を正しく評価することはできないということです。「大きな記事は重要な記事」というのは、大雑把な判断としては間違っていません。しかし、新聞社が提示する評価を鵜呑みにしているだけでは、新聞社の思惑に乗せられたり、新聞社が「事情があって」大きくしている記事まで重要だと誤認してしまうリスクがあります。

3　誤報を見分ける

誤報とはなにか

新聞の表現や、記者の行動原理に着目すると、誤報についても深く分析できます。近年、新聞の誤報に対する関心が高まっていますが、指摘や批判の中身を見ると、新聞側と読者側で「誤報」の定義がずれていることがしばしばあります。本当に誤報なのかどうか、読者に見分けが付いていないと思われる例も少なくありません。

そもそも「誤報」とは何なのでしょう。新聞社にとっての誤報とは、「事実を誤って伝えるこ

「誤報」の3次元分析

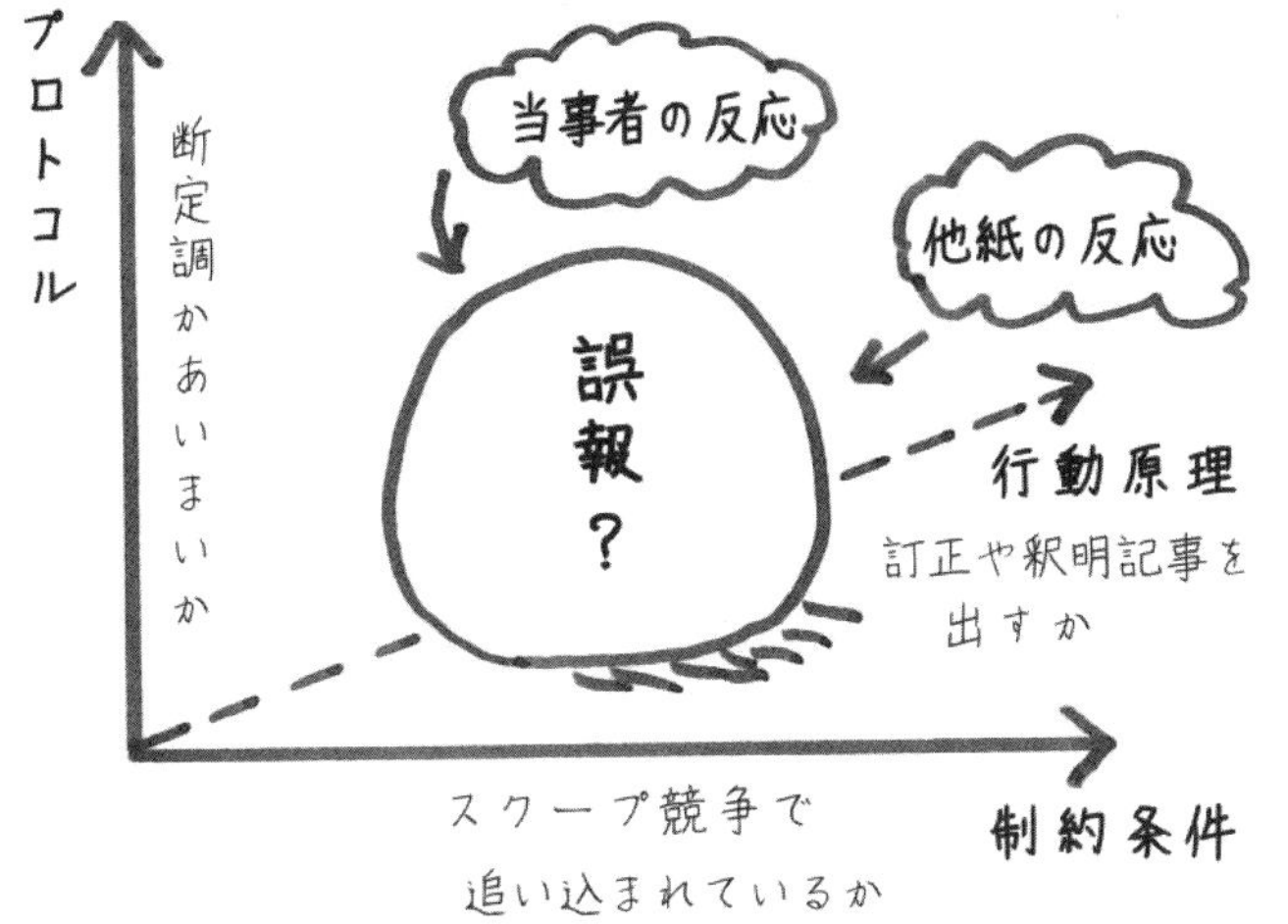

と」です。この場合の事実とは、あくまでも客観的な事実だけを指し、例えば「現政権の経済政策は正しい・間違っている」といった価値判断は含まれません。

新聞社が組織として記事を誤報だと認めた場合は、原則として訂正記事を載せます。これが新聞社の「立場」です。極論すると、新聞社側の論理からすれば「後で訂正記事を出したものが誤報」ということになるでしょう。

代表的なものが「名数《めいすう》」の間違いです。名数とは、名前や数字のことを指し、記事中でこれを間違えると、ほぼ確実に訂正記事を出さなければなりません。例えば「山田太郎」を「山田次郎」としたり、「定価1500円」と書くべきところを「定価1400円」と書いたりした場合は、社会的影響が小さく、迷惑を被る当事者が訂正を求めていなくても、判明した時点で速やかに訂正記事を出すことになります。それが新聞社のルールなのです。

名数は記事全体からすれば、いわば枝葉の部分ですが、報道内容の根幹に関わる部分で間違いを書いてしまうこともあります。例えば組閣記事で「財務相にはA氏が就任する」と書いて、実際にはB氏だったようなケースです。この場合は、なんらかの形で訂正記事を出すことになります。

こうした真偽がはっきりわかる事実については問題ないのですが、中には「誤報」かどうかグレーなものも出てきます。例えば「取材した時点では事実だったが、記事が出た後で状況が変わってしまったケース」です。これを理解するには記者の行動原理も知っておく必要があります。

先の組閣記事で、「首相は財務相にA氏をあてる方向で調整に入った」と書いたとします。この場合、見出しは「財務相はA氏で調整」といった感じになるでしょう。取材が正しければ、首相は与党の幹部らと、この人事について話し合っているでしょうし、A氏本人にも打診しているでしょう。その段階で記事を書くとすれば、「調整に入った」という表現は状況を正しく伝えていることになります。

しかし、人事というものは正式に決まるまでは何が起きるかわからないものです。例えばA氏のライバルが、この人事を阻止するために「実は彼には重大なスキャンダルがあって、マスコミも嗅ぎつけていますよ」と首相に告げ口するかもしれません。結果として、発表されたときにはB氏になっているというケースはあるのです。

新聞社や記者の論理からすれば、この記事は「間違い」とは言えません。しかし、「財務相、A氏で調整」という記事を読んだ読者の多くは、「ああ、A氏が財務大臣になるのだな」と思ったでしょう。いわゆる「新聞辞令」です。

以上は、「読者の印象としては誤報だが、実際には誤報ではない」ケースと言ってもいいでしょう。ただ、こうした記事の中にはときどき、限りなく誤報に近い記事も混じっています。例えば、組閣の例でいえば、実際にはA氏が財務相に決まることを否定する材料や、B氏になる可能性が高いという情報があったにもかかわらず、その事実を知らないままA氏が有力であるという判断をして記事を書いてしまったケースです。

これは明らかに取材不足で、状況を正しく伝えているとはいえないでしょう。正しく書くのであれば、「財務相にA氏をあてる方向で調整しているが、B氏を推す声も挙がっている」とか、「A氏が有力視されているが、与党内からは異論も出ており状況は流動的だ」といった書き方をする必要があります。

こういうケースでは、新聞社は実際にはB氏が内定したと発表があった段階で「当初はA氏で調整していたが、これこれの理由でB氏に内定した」という釈明記事を出すのが普通です。ただ、本当に報道後に事情が変わったのか、記者が情勢判断を見誤ったのかを見分けるのは困難です。

当事者の反応

では、こうした微妙なケースで報道の真偽を判断するにはどうすればいいのでしょう。まずは、既に述べたように、記事の表現ぶりから記者の自信のほどを推察することになります。断言調なのか、あいまいな表現を多用しているのかを見れば、自信を持って書いているのか、他紙に抜かれるのが怖くて確信がないまま「飛び降りている」のかが何となくわかります。

次に注目するのは、「当事者の反応」と「他紙の反応」です。

大企業や役所のような組織や、そこに属する人について機微に触れる報道があった場合、当事者はそれについて何らかのコメントを出すのが普通です。例えば上場企業であれば、M&Aなどのニュースは株価に影響を与えるので、証券取引所から速やかに真偽について公表することを求められます。中央官庁の場合、ネット上などでリリースを出すことは稀ですが、担当大臣や事務次官（事務方のトップ）などが定例会見でコメントすることが多いでしょう。

こうしたコメントを読む際も、新聞記事と同じで「定型表現」の基礎知識が不可欠です。というのも、一読しただけでは報道を否定しているように見える文言が並ぶのが一般的だからです。

すでに説明したように、新聞がスクープを出すときは、その案件がまだ正式に決まっていない段階です。報道された当事者の立場からすれば、「この報道は本当です」と認める訳にはいきません。かといって、「これは誤報です」と言っても嘘になります。このため、もってまわった表現になるのです。

リリースの表現は次のようになります。

『本日付け□□新聞で、当社の××事業の売却について報じられましたが、当社が発表したものではございません。』

『××について検討に入ったとの報道がなされましたが、現時点で決定したものはありません。お知らせすべき事項については、公表できる段階が来れば速やかに発表します』

一見、否定的ですが、よく読むと報道を全面的に否定しているわけではないことがわかります。スクープ報道では案件が正式に決まる前の段階で、「××を検討している」「××について最終調整に入った」ことを報じます。これに対して、あくまでも「現時点では正式に決まっていない」と言っているだけなのです。言い換えれば、報道通りになる可能性はある、と認めているわけで、否定コメントというよりは「事実上認めた」に等しいのです。

本当に「誤報」だった場合

では、文字通りの「誤報」だった場合はどうなのでしょう。その場合、会社側は記者が取材してきた段階で、否定しているはずです。広報などを通じて「それ、書くと誤報になりますよ」などと警告しているケースも多いでしょう。記者はそれを振り切って報じていることになります。記者は自分の誤りに気付かず、会社側の警告は記事が出るのを阻止するための脅しだと受け取っているわけです。

この場合、会社側のコメントは、どう読んでもはっきり誤報だとわかるような文面になります。とくに、否定したのに報じた記者・新聞社に対する「怒り」がにじんだ表現になることが多いといえます。

例えば、『当社は報道されたような検討は一切しておりません。□□新聞にはすでに訂正の申し入れをしており、受け入れられない場合は法的措置も含めて検討してまいります』といった感じです。「一切」など、どう読んでも否定的なニュアンスでしか受け取れない表現を選び、組織として抗議していることをはっきり示すのです。

役所の場合は、上場企業のようにいつまでに肯定・否定のコメントを出さなければならないというルールはありません。このため、緊急性がない場合は、一番近い定例会見でトップや幹部が説明します。記者から報道について質問があり、それに答える形でコメントするのです。

この場合も、肯定・否定コメントは明確であるとは限りません。例えば「報道については承知していますが、まだ決まっていません」という場合は否定的に受け取ることもできますが、実際には事実上の肯定だとみていいでしょう。否定する場合、「事実無根で、遺憾に思います」など怒りを含んだ表現になるのは企業と同じです。

報道の真偽を確かめる際に重要な、もう一つの手がかりはライバル紙の反応です。抜かれた記者は基本的に、「できれば誤報であってほしい」「せめて一部でいいから、記事の信憑性に疑いが生じるような間違いが含まれていてほしい」と祈りながら取材をすることになります。しかし一方では、抜かれた瞬間に別の競争も始まっています。もし、記事の内容が事実であるにもかかわらず、自分だけがその裏を取れないなら、「スクープを抜かれた上に、後追い記事で特オチする」という最悪の結果が待っているのです。

スクープの「追いかけ記事」を読み解くときは、この記者心理を頭に入れておくことが重要です。つまり、報道内容に合理的な疑いがあるなら他紙は追いません。むしろ、喜んでスルーします。一方、記事が事実であれば、必ず何らかの形で追いかけざるを得ないのです。

このため、大きなスクープの真偽は、平日か土曜日の朝刊に特ダネが出た場合は、その日の夕刊までにだいたい判明します。正しい場合、朝９～10時くらいまでに、各紙のニュースサイトに続々と後追い記事が掲載されるからです。ＮＨＫは早朝までに裏を取って、７時のニュースで流す場合もあります。

この段階で追いかけ記事が出てこなかったり、数が少なかったりする場合は要注意です。基本的には初報の内容をそのまま追えない事情がある可能性が高いとみていいでしょう。その場合は全国紙と地元紙（共同・時事の記事が載る）全てに目を通すと、情勢がはっきりします。

4　ニュースの背景を立体的に読む

情報を集める

情報の3次元分析は「記事」に書かれている事件や政策の背景、つまり「ニュース」の中身それ自体を読み解く方法としても活用できます。前節までで説明してきたのは記者・新聞社の文化や組織構造、心理などから「なぜこういう記事が生まれてくるのか」を理解する方法でした。同じ方法を使って、政府や企業、政党などが引き起こす事象それ自体を分析するのです。方法は、記事の読み方と同じです。分析対象が持っている「表現＝プロトコル」「立場＝制約条件」「動機＝行動原理」を理解した上で、それぞれの側面からニュースを分析すればいいのです。

ただし、今度は必要な三要素について、自分で情報を揃えなければなりません。記者と新聞社に関してはこれまでの章で分析に必要な知識を提供しましたが、例えば政治ニュースを読み解くなら、同じように政治家のプロトコル・制約条件・行動原理について知る必要があります。殺人事件のニュースであれば警察組織や警察官などについて、この三要素を知っておく必要があるわけです。

その一部については、次章で各面の読み方を説明する中で触れますが、それだけでは不十分でしょう。ここでは、もう少し汎用的な方法を解説しておきましょう。

一つは、新聞を読む中で、こうした情報を集めていく方法です。例えば政治ニュースを詳しく分析したいのであれば、政治家や官僚といった関係者、関係組織について、記事から読み取れる三要素をノートに書き出していくのです。

例えば、「ある政治家が激怒して、制度改正の議論が滞っている」という記事を読んだとします。政治家全体に一般化できるのか、その人の性格によるものなのかといった判断は後で必要になりますが、この記事からは「政治家がどんなことを許せないと思い、それに対してどんな対応をとるか」という行動原理を読み取ることができるでしょう。

私の経験から言えば、政治家は「自分が知らないところで話が進んでいく」ことを非常に嫌います。情報は政治のパワーそのものだからです。したがって有力者が「その話、オレは聞いていない」と立腹したときは面倒なことになります。自分に情報を流さなかった人間に圧力をかけたり、進行中の案件をひっくり返したりします。政治で「根回し」が必要なのはこうしたことがあるからです。

こうした政治家の行動原理が伺える記事は、紙面でも頻繁に目にします。政治面の愛読者であれば思い当たる節があるでしょう。それを単に「この政治家は狭量だなあ」と笑って済ませるのではなく、きちんと「政治家の行動原理」の項目にメモしておき、別のニュースを読み解く際の参考にするのです。

このように、政界のちょっとしたエピソードを暇ネタとして書いたコラムも、ニュースの分析の基礎資料になります。気づいたことを三要素に分けてノートに書き出していけば、その中で何が特に重要かも見えてくるでしょう。それが見えて来れば、新聞を読むだけでニュースの背景についてかなり突っ込んだ分析ができるようになるはずです。

このとき重要なのは、最初に三要素についてのデータを一定量、集めてから分析に入るということです。記事を読んで「これが◯◯の行動原理だな」と思っても、たまたま特殊な事例が紹介されただけかもしれないからです。よくあるのは属人的な傾向を、その人が属する集団全体の傾向だと思い込む間違いでしょう。

理想的には「例外的な事例」が全体の何割程度を占めるかが見えてくるまで情報を集めるといいでしょう。例えば「表現・プロトコル」の項目であれば、ある政治家が特定の発言をするときに何を示唆するかという事例が集まってきたとします。一方で、たくさん事例を集めていれば、それに当てはまらない事例も出てきます。このとき、「これは例外だ」と無視するのではなく、きちんとデータとして加えておきます。すると、「この法則は◯割の確率で当てはまらない」ということもわかってきます。正確な状況分析はこの程度までデータが集まってきて初めて可能になります。

「政治家とはこういうものだ」といった一般論は注意しなければ紋切り型の解釈を導きがちです。傾向として正しいとしても、人間の多様さや複雑さを無視して情報を分析すると、必ず判断を間違えます。「どれくらい例外があるか」という肌感覚がなければ、そうした知識は本当の意味では活用できません。

本から情報を得る

もうひとつの方法は、情報を本から得ることです。再び政治ニュースを例にとれば、著名な政治家の回顧録やインタビュー、伝記などを読んで三要素をノートに書き出していくのです。

このときオススメしたいのが小説です。例えば政治なら政治小説、経済分野なら経済小説を読むのです。ただし、作品はきちんと選ばなければなりません。最も資料価値が高いのは、現役で活躍している業界人や、業界の出身者が書いたものです。例えば、政治なら政治家やその秘書が政界を舞台に書いた小説が参考になります。こうした作品は、純粋に小説として見れば素人が書いているので稚拙なところがあるかもしれません。ただし、業界人にしかわからない微妙な心理や言葉遣い、行動の傾向は克明に描かれています。作者は全体のストーリー展開や文章表現ではプロの作家に敵《かな》わないことを自覚しているので、ディテールには徹底的にこだわるからです。

この方法は、新聞記事を立体的に読む際にも応用できます。つまり、記者や記者経験者が書いた、記者が登場する小説を読むのです。私のオススメは『クライマーズ・ハイ』をはじめとした、横山秀夫の作品です。横山氏はプロの作家ですが、群馬県の地方紙である上毛新聞の出身です。警察組織を描いた組織小説で有名ですが、作中に記者が登場することが多いので、記者の行動原理を踏まえて記事を分析する際にも非常に参考になるはずです。

逆に、新聞記者が登場する小説でも、作家がちょっと新聞社を取材しただけで書いたものは、経験者が読むと「これは違うんだけどなあ」と感じるものが大半です。世間のイメージからは外れていないので、よく知らない読者は面白く読めるかもしれませんが、三要素を抽出するための資料としては使えません。

5　ビジネスに応用する

取引相手を分析する

ここまで説明してきたのは、単なる記事・ニュースの読み方ではなく、情報分析の技術そのものです。ですから、新聞を読み解く中でこうした思考回路を身につけることができれば、ビジネス全般に応用することができます。いうまでもなく情報分析はビジネスの基本だからです。

例えば証券会社の個人向け営業で実績を上げるには、顧客と雑談をする中で、相手の投資目的や振り向けられる金額、許容できるリスクの大きさなどを読み取らなければなりません。その上で、相手がどのような銘柄であれば買いたいと思うのかを推理する必要があるでしょう。その銘柄を奨める際にも、どういう営業トークをすれば相手の心が動くのかを考えなければなりません。

これらは全て、情報分析そのものです。ですから、これまでと同様、相手の「表現」「立場」「動機」を知ることで、相手が何を望んでいるかや、どんな提案が最も受け入れられやすいかなどを正確に予測できるようになります。

就職活動も、自分という商品を相手に売るという意味ではこうした営業と同じです。面接で向かい合った相手について、「発言に含まれる表現の真意」「組織の中でどんな立場にいるのか」「何が得点になり、何が失点になるのか」を知っていれば、どのような受け答えやアピールが最も効果的かを判断できます。

手順は、基本的にこれまで説明してきたのと同じです。例えば、銀行と取引したり、就活をしたりするのなら、その業界や組織の構造、勤めている人たちの特徴を研究するのです。

具体的には、新聞記事や小説などを通じて、三要素をノートに書き出していきます。私が銀行業界を担当していたときも、過去記事はもちろん、小説などの資料は片っ端から読むようにしていました。例えばテレビドラマ『半沢直樹』の原作者である池井戸潤の小説は、ほとんど読みました。小説として面白いのはもちろんですが、池井戸氏は三菱銀行（現三菱東京ＵＦＪ銀行）の出身です。銀行員の言葉遣いや思考回路を、かなりリアルに知ることができるのです。

こうした資料を読めば、銀行員が出世するにはどんな成果を上げなければならないかや、どんなタイプの失敗をすることを恐れるのかがわかってきます。取引先の企業に融資するかどうかを審査する際のポイントや、それぞれの役職が持つ権限の大きさもわかります。

相手の反応をノートに記録して分析

こうした分析作業は、銀行業界を志望する学生の就活でも有効でしょう。例えば、業界がどんな人材を必要としているか、どんな特徴を持つ人材を警戒するかが具体的にわかるからです。自己アピールでどういう発言をすれば相手に「この学生は銀行業界の等身大の姿を理解している」と思わせることができるかも、見えてきます。

特定の人が発する情報を分析するときは、資料からではなく、本人や周辺の人と直接コミュニケーションを取りながら情報を集めます。新聞記事の分析と同じように、やり取りからわかった三要素をノートに書きためていくのです。

記者としてニュース取材をしていたころ、しばしばガードが固い取材対象と巡り合いました。雑談などには応じても、なかなか言質を取らせてくれないのです。こうした場合は、取材でのやり取りを正確にメモして分析していました。三要素で言えば「表現・プロトコル」の情報を集めるのです。

取材対象を仮に大企業の企画担当役員のA氏としておきましょう。取材を通じて「A氏に部下のB氏からある事業について、重要な報告が上がった」という確実な情報を得たとします。このとき、A氏と話しているときに、それについて知らない風を装って「ところで◯◯事業について新たな情報って入っていますか」と聞くのです。

このとき、A氏がどう反応するのかを観察します。この場合、「認める」「話をそらす」「嘘をついて知らないふりをする」というおおよそ3つの反応が考えられます。また、話をそらしたり嘘をついたりするなら、そのときの表情や身振り口ぶりに特徴があるかもしれません。

自分に確たる情報がない案件について相手に聞いた場合も、反応をメモしておきます。そのときは真相がわからなくても、後になって「実はあのときA氏はここまで知っていた」という情報が得られることがあるからです。後で見返せば、反応についてのデータが一つ増えるわけです。

こうした情報を集めていくと、相手の反応から、ある程度状況を推測できるようになります。もちろん、一番いいのは相手を話す気にさせて詳しい情報を聞き出すことです。しかしそれができない場合も、ある程度の精度で感触を得ることができるわけです。この方法は、頻繁に接触する相手に対して有効です。

余談ですが、ある時期にこうした方法で取材していた企業幹部から、数年後に再会したとき「松林さん、あのころ私の反応について分析していたでしょう」と図星を指されて驚いたことがあります。「どうして気付かれたのですか」と聞くと、普段はポーカーフェイスの幹部氏は笑みを浮かべ、「私たちも同じことをするからですよ」と答えました。この人は、その会社が様々な難局を乗り越えた時期に、組織の中枢で対応にあたった人でした。おそらく取引先や監督官庁との激しい情報戦をくぐり抜けてきたのだと思います。

実際、この章で「情報を立体的に読み解く方法」として紹介してきた技術は、私が取材を通じて接してきたビジネスパーソンにも共有されていました。優れた政治家や官僚、企業人は、例外なく情報分析にも長けています。私自身も、そうした人たちが情報を分析する様子を見ながら学んだ部分が少なくありません。

孫子の兵法に「敵を知り己を知れば百戦危うからず」という言葉があります。孫子は情報分析と、情報操作の重要性を強調しましたが、これは戦争に限らずあらゆるビジネスにも当てはまります。相手のことを知り、それを踏まえて「相手と自分の双方に利益がある（Win-Win の）提案」をすることができれば、あらゆる交渉はスムーズに進むはずです。

コラム：『クライマーズハイ』

本文でも紹介しましたが、新聞社を舞台にした小説の傑作に、横山秀夫の『クライマーズ・ハイ』があります。1985年8月に実際に起きた日航機墜落事故をめぐる人間ドラマが描かれた作品です。作者自身が、群馬県を地盤とする上毛新聞で記者をしていたころの経験に基づいているので、この小説で描かれる記者の生態は非常にリアルです。事件発生から記事化までの過程や、所属部署による社員の考え方の違いなども細かく書き込まれており、新聞社や記者について深く理解する助けとなる第1級の資料です。『新聞の正しい読み方』では、初心者でも記事を分析できることを優先したため、現場の生々しい話は省いて図式化していますが、記者の情熱や使命感など心理の奥底まで踏まえて新聞を読みたい方は、ぜひ手に取ってください。

この作品の中盤の見せ場が、事故原因のスクープ競争です。小説では、経験の浅い記者が「機体の最後部にある圧力隔壁の破損が事故の原因だった」という特ダネを仕入れてきます。ただし、この段階では「又聞き」の情報で、裏は取れていません。記事にするには、きちんとした情報源から言質を取るなど、証拠固めをしなければならないのです。

ただ、この記者は特ダネを取る「夜回り」の経験がありません。取材源の自宅にアポなしで押しかけ、非公式に会って機密情報を聞き出すという経験に乏しいのです。

取材の陣頭指揮をとる主人公は、この担当記者ではなく、夜回り経験の豊富な警察担当のエース記者を、取材源である事故調査委員の学者が泊まっている旅館に向かわせます。「圧力隔壁が事故原因と見ている」という情報の裏取りをさせるのです。

単独で取材源に接触したエース記者は、取材後、主人公に「サツ官ならイエスです」と報告します。サツ官とは、警察官を指す隠語。つまり、「警察官が記者から問われたことを遠回しに認めるときと似た反応を示した」というわけです。裏返すと、はっきり言葉に出して認めたわけではありません。ここから、特ダネを翌日の朝刊に入れるかどうか、主人公の煩悶が始まるのですが、ネタバレになるのでこれ以上は書きません。是非、原作で読んでみてください。

このシーンのポイントは、夜回り取材に投入された記者と取材源の間にプロトコルが確立していない、という点にあります。初対面であるうえに、ふだんつき合っている刑事とは文化が異なる学者が相手なので、非公式な取材にどういう反応を見せるかがわからず、取材結果に確信を持てないのです。

もし刑事が相手なら、「ネタを当ててはっきり認めなくても、表情がこうならイエスと言ったのと同じ」といったプロトコルを共有できています。刑事と記者の間で「暗黙のルール」があるのです。

記者業界ではこうしたやり取りを俗に「禅問答」と呼びます。親友や恋人との間で他人が聞いても理解できない、「2人の間でしか通じないやりとり」を交わした経験はだれにでもあるでしょう。記者はまず、取材源との間でそれに似た関係を築くのです。記者はこうした取材ができるようになって初めて、一人前と認められます。

第6章

ニュースを「流れ」で理解する

「ニュース記事は難しい」「読んでも頭に入らない」という人は少なくないようです。理由は様々でしょうが、原因の一つは「ニュースの流れ」が見えていないことかもしれません。またニュースそれぞれに独自の性質を持つ展開があり、それが頭に入っていないとわからないということもあります。この章では「ニュースの流れ」について、新聞の各面（政治面・経済面・国際面・社会面）ごとの読み方について考えていきます。

1 政治面を読む

政治記事は、日本に近代的な新聞が誕生した頃から最も重要なコンテンツの一つでした。今でも政治部は新聞社の中核部門です。しかし現実には、増税など生活に密接に関わる政策が議論されている時期を除けば、政治記事を好んで読む人はそれほどたくさんはいないでしょう。「三権分立」など、政治の仕組みについては義務教育の中で一通り習います。「国会は国権の最高機関だ」とか、「国会議員は選挙で選ばれている」といった基本的な知識はだれでも持っているはずです。それでも、記事を読んでピンとこないのは、政治を動かしている国会や政党、中央官庁などがどんな仕組みになっているのかや、どのような手順でものごとが決められるのかといった流れについて、具体的なイメージがないからです。ここでは、政治面を読むのに最低限、必要な基礎知識をおさらいしておきましょう。

学校の授業ではあまり強調されないかもしれませんが、政治ニュースを読み解く際に重要な要素の一つが毎年繰り返される「周期」です。中央官庁がある霞が関や、国会や政党本部が集まる永田町で取材をしていると、政治の世界にはある種の「季節感」が存在することを感じます。

これはおおむね、国会の開かれている時期と、国の予算が決まるスケジュールから生じています。政治家や記者は、意識的にしろ、無意識的にしろ、この季節感を頭に入れて活動しているものです。しかし、一般読者の中で、「通常国会はいつ開かれ、国の予算はいつ決まっているのか」と聞かれて、即答できる人はどれくらいいるでしょうか。

この季節感、スケジュール感が頭に入っているのと、いないのでは、政治ニュースを読む視点は全く変わってきます。なぜなら、この季節感がなければ、議論されている法案や政策が、長い決定過程の中で、どの段階にあるのかがわからないからです。

予算をめぐるスケジュールを押える

まず、国の予算決定をめぐる政治の流れを押さえておきましょう。

国会の最も重要な役割の一つが、翌年度の予算を決めることです。この作業は、毎年必ず行わなければなりません。最終的に国会で予算が正式に決まる時期は、当然ながら年度末（3月下旬）になります。国会の基本的なサイクルの一つは、ここを「終着点」として回っていると言っていいでしょう。

では、予算編成のスタート地点はいつごろなのでしょう。実は、予算の原案作りが始まるのは、7月ごろからで、これを「概算要求」といいます。国の財布を握る財務省に対して、経済産業省や厚生労働省といったすべての中央官庁が、担当する事業の予算を「これだけ出してください」と申請するのです。厳密に言えば、小泉政権以降は首相肝いりの「諮問会議」を開き、省庁に先んじて予算の全体像を決める傾向が強まっていますが、こうした手法は政権によって変わるので、まずは基本を押さえておきましょう。

この概算要求は、8月末で締め切られます。言い換えると各省庁はそれまでに翌年度の事業を決めて、その予算を見積もるわけです。ですから、7月くらいから新聞にも「○○省が××事業を検討」といった記事が出始めます。これは役所が翌年度の計画を作り始めたことを意味しています。

ただし、この段階では予算が財務省や国会に認められるかどうかはわかりません。紙面に新規事業の構想が大きく出たとしても、それが実現するとは限らないのです。むしろ、その省庁が、「財務省は予算を認めてくれるだろうか」「政治家（とその背後にいる国民）は支持するだろうか」などと、実現性を測るために、正式な計画に盛り込む前に内容を「チラ見せ」しているケースが多いのです。

実際には、「来年度はどんな新規事業を考えていますか」と取材に来た記者に対して、役所の幹部が「まだアイデア段階だけど」と話し、それが記事になるわけです。役所のこうした行動は、俗に「アドバルーンを上げる」「観測気球を上げる」などと表現されます。記者はそれを「○○省が××を導入する方向で検討に入った」などと報じるのです。

　仮に記事が出ることによって国民や政治家から「そんな政策はけしからん」という声が高まったら、「あれは内輪でちょっと検討していたのを新聞が勝手に書いただけです」と言って正式な計画案から外してしまえばいいのです。逆に、国民から絶大な支持が集まれば、予算の決定権を握る財務省も、簡単には却下しにくくなります。言い換えると、夏の初めに新聞で報じられる役所の構想は、実現性が高くない、アイデア段階のものがかなり含まれているということです。

　こうして提出された各省の予算案は、９月から財務省の「主計局」が査定して削っていきます。具体的には、各省庁から事業の担当者を呼んで話を聞きながら、「もっと安くできないのか」「そもそも本当に必要な事業なのか」を審査するのです。

　紙面で大きく報じられていても、この段階でお蔵入りになる政策もたくさんあります。予算が認められなくても、役所が「あの政策はダメになりました」と発表するわけではありませんし、新聞もきちんと顚末《てんまつ》を書くとは限らないので注意が必要です。役所担当をしたことがある記者なら、こうした「幻の事業」を報じた経験は必ずあります。もっとも、これは無駄ではなく、政策案が国民の目に触れることで取りやめになったのであれば、新聞としては「国民の知る権利」に奉仕したことになるでしょう。

　さて、財務省からダメ出しを食らったからといって、目玉の事業であれば、すんなり引き下がるわけにはいきません。その場合は、局長などさらに「偉い人」が出てきて財務省との折衝にあたります。最後はやはり大臣です。場合によっては他の省庁の大臣と、「うちの事業を通すから、そっちの役所の予算を削ってくれ」などという駆け引きが繰り広げられることもあります。

こうして政府としての予算案が決まるのは原則として12月24日、つまりちょうどクリスマスイブのころです。中央官庁の役人は当然ですが、役所担当の新聞記者もクリスマスは1年で最も忙しい時期です。

この政府としての予算案は「閣議決定」されます。閣議とは、首相を中心に閣僚（大臣）が集まる会議で、閣議決定とはこの会議を開いて全員一致で政策などの方針を決める手続きです。閣議決定を経た事項は、「政府の意思」として、原則として次以降の内閣（政権）にも引き継がれる、重いものです。

この閣議決定された予算案が、新聞が年末に、1面から特集面まで組んで報じる政府予算の正体です。この中には翌年度の公共事業の予算も含まれています。全国の地方自治体にとっても、地元の事業に予算がついたかどうかは大きな関心事です。予算が決まる日は、地方紙や、全国紙の地方支局の記者も財務省に押しかけます。

国会のどこに注目するか

ただし、厳密に言えば予算は「これで決まり」ではありません。ここで決まる予算案はあくまでも政府、つまり「行政」のレベルで決まったものです。ですから、厳密に言えば、「国権の最高機関である国会」で可決成立して初めて正式な予算となるわけです。

ではなぜ、政府予算が決まった段階で新聞は大きく報じるのでしょう。これは、ここで決まった計画案の大枠が、国会でひっくり返される可能性が非常に低いからです。すでに述べたように、この予算は折衝の段階で首相や大臣、与党による調整を経て決まっています。議会で多数を握る政党から首相や大臣が選出されているので、政府案が否決されることはまずないのです。

この予算案が国会に提出されるのは、翌年の1月です。年が明けるとすぐに通常国会が始まります。この通常国会は年に1度、1月から開かれる国会のメーンイベントで、期間は原則として150日、つまり約5ヵ月間ということになります。少なくとも5月までは開かれているわけで、予算案もこの中で審議されます。

この予算案を審議するのは衆議院と参議院の予算委員会です。実は日本の国会は「委員会中心主義」に基づいて運営されています。国会といえば、半円状の議場で開かれる「本会議」を思い浮かべる人が多いと思いますが、実質的な審議はその前に「委員会」で行われ、決められています。本会議で行われるのは、ほぼ最終的な採決だけというのが現実です。

厚生労働省の管轄事業を審議するのは厚生労働委員会といったように、基本的には各省庁に対応した委員会が設置されています。重要な法律を作る場合には「特別委員会」が設置されます。あまり意識したことがないかもしれませんが、私たちが選挙で選ぶ国会議員は、必ずこのどれかの委員として活動しているのです。

予算案が審議されるのは予算委員会ですが、新聞を読んでいると、実はこの委員会こそが様々な国会論戦の中心になっていることがわかります。例えば安保法制も、特別委員会だけではなく予算委員会でも論戦が繰り広げられました。

これは予算委員会では「テーマがなんでもあり」だからです。委員会では年金問題なら厚労委員会というように、審議するテーマが決まっています。ところがどんな事業でも予算を伴わないものはありません。例えば安保法案が通れば、それを執行するために自衛隊の体制を整えたり、広報活動をしたりしないといけません。ですから重要法案の議論はテーマにかかわらず、たいていここで議論されます。首相の出席率が高く、テレビ中継をされることも多いので、国民の印象にもよく残ります。政治ニュースで「予算委員会で議論になった」という記事を読んで、「たまたま話題になったのかな」と考えるのは間違いで、実はこの委員会こそが「主戦場」なのです。

予算が3月末に衆院・参院で可決・成立すると、予算の審議は一段落です。ただし、実はここで決まったのは「当初予算」でしかありません。これとは別に、「補正予算」というものがあるのです。例えば景気が悪くなってくると、政府はてこ入れのため、公共事業を追加するなどの措置をとります。大地震などの自然災害も、時期を問わずに発生するため、予定外の出費が必要になります。これらの資金は当初予算には含まれていないので、新たに決めなければならないのです。この予算の成立過程も、手順は当初予算とほぼ同じです。各省庁が予算案を考え、財務省が審査して政府案ができ、最終的には国会で承認されるわけです。

景気の悪化などから、政府が「補正を組むぞ」ということになると、当初予算と同じく「各省庁がどんなタマ（案）を出してくるか」が焦点になり、紙面でも報道合戦が始まります。役所によっては、当初予算案でボツになった案件を、名前を変えて出し直すなどします。

さて、通常国会で審議しているのは、もちろん予算だけではありません。国会は「立法府」ですから、新しい法律を作ったり、従来の法律の改正を検討したりもします。当初予算案が可決・成立すると、こうした法案の審議が本格化します。

通常国会で、安保法則のような重要法案が審議されている場合、会期末が近づく5月ごろには「会期の延長」が話題になり始めます。1月の第2週ごろから通常国会が始まったとして、150日後の6月上旬には会期は終了します。会期中に審議や採決が終わっていなければ、原則として提出された法律案は廃案になってしまいます。会期の延長ができるのは1回だけです。すると、残りの審議時間を見込んで「何日延長するか」が焦点になってきます。与野党の勢力が伯仲していると、こうした駆け引きは重要な意味を持ちます。

政治家と官僚たちの夏

さて、会期を延長した場合でも、だいたい7月中には通常国会は終わります。日本では9～10月から年末にかけて「臨時国会」が開かれるのが、半ば慣例になっています。先に説明した補正予算も、たいていこの臨時国会で審議されます。ですから、通常国会が終わると、国会議員にとっては臨時国会まで「夏休み」ともいうべき時間が始まります。この谷間の期間、議員は地元に帰って支持者に通常国会での活動や成果を報告したり、海外に視察に行ったりします。後者の視察旅行は「物見遊山ではないか」と批判を浴びることもあります。ただし、3年に一度実施される参院選は7月に投開票が行われます。「選挙の夏」は、物見遊山どころではありません。改選期の参院議員はもちろん、衆院議員も含めて応援に飛び回ることになります。

一方、通常国会が終わる6~7月は、中央官庁の官僚にとっては人事異動の季節です。国会の会期中に担当を変えるわけにはいかないので、仕事が一段落したこの時期にまとめて動かすのです。事務次官や長官といった組織の長や、局長・課長といった幹部の交代は、政治の流れが変わるきっかけになることがあります。政策には特定の首脳や幹部が力を入れているものが少なくないからです。

政策の企画立案を担う高級官僚にとって、仕事の成果とは実現した政策です。「この法案を作ったのは自分だ」「あの政策は誰々が進めた」といった形で評価が決まるのです。ですから前任者の政策をそのまま引き継いで無難に運用しても得点にはなりません。首脳や幹部クラスであれば、むしろ任期の1~3年ほどの間で新しいことをする、政策を変化させることが重要なのです。

このため、政策の方向性を見きわめる上で、この時期に発表される人事は重要な意味を持ちます。私は金融・証券担当が長かったのですが、銀行や証券会社、取引所の幹部は、監督官庁であ

霞が関、永田町のカレンダー

１月　通常国会が始まる。予算審議など

３月　年度末に予算案が可決成立

４月　法案審議などが本格化

６月　通常国会終わる（会期延長も）。中央官庁の人事（～７月）

７月　３年に一度、参院選。概算要求の準備

８月　概算要求締め切り。国会議員は海外視察など

９月　各省と財務省の予算の交渉が始まる

１０月　このころから年末にかけ臨時国会が開かれることが多い

１２月　クリスマスのころ予算案が閣議決定

る金融庁の人事を常に注視していました。長官や幹部が変わると、役所の金融機関に対する姿勢がガラリと変わることが多いからです。重要官庁の場合、トップ人事が発表されると、人物紹介が新聞に出ます。人となりや過去の業績などが中心ですが、これはその役所の政策がどう変わるかを予想する上で重要な情報です。

いずれにせよ、政治はこうした周期の中で動いています。この流れを頭に入れて記事を読めば、個々のニュースが持つ意味や重要性を正しく理解することができるはずです。例えば政治面の「紙面需給」は、国会が開かれている期間と、そうでない期間でまったく違ってきます。

国会が開かれている時期は常に何かが議論されているので、ネタに困ることはありません。その日に起きた出来事だけで紙面は埋まるし、常に政府や与野党の内部で駆け引きが繰り広げられているので、スクープ合戦も激しくなります。

つまり国会の会期中は紙面が混んでいるわけで、一つ一つの記事の扱いは小さくなりがちです。ネタ枯れの時期なら掲載できたニュースが載せられなかったり、本当は詳しく書きたい記事がベタになってしまったりします。政治面はもちろんですが、政治ネタは1面や総合面でも展開されることが多いので、社会ネタや経済ネタなどにも影響が出てきます。

逆に、国会が閉会中の紙面はネタ枯れが生じやすくなります。「暇ネタ」も増えて、時には、一般の人が興味を持ちそうにない、派閥間の人間関係を詳しく描いた記事などが出ることもあります。「なぜこの話がこの時期に?」と勘ぐりたくなるような記事も、実は紙面を埋めるために、記者が苦労してひねり出したものかもしれないのです。

2　経済面を読む

経済の流れを理解する

政治記事と並んで「難しい記事」の代表に挙げられるのが経済記事でしょう。私は日経新聞で経済記事を担当していたので、こうした苦情はとくによく耳にしました。

原因は様々で、基本的な経済用語を知らないために記事の途中でつまづいてしまう、ということもあるでしょう。しかし、記事の中に出てくる言葉や、1文1文は理解できるのに、記事全体がどういう意味を持つのか、どこが重要なのかがいまいちピンとこない、という人も多いのではないでしょうか。これは「経済の流れ」が頭に入っていないためだと思います。

例えば「消費者物価が上がった」「自動車メーカーの利益が増えた」といったニュースを単体で読んでも、「わかったけど、だから何なの？」という気分になるのではないでしょうか。日本経済、あるいは自分自身にとって、そのニュースがどんな意味を持つのかが掴めないからです。

経済記事を読む上では、企業や経済官庁などの意思決定手続きや行動原理を知ることに加え、「経済現象」が起きるメカニズムについても理解しておく必要があるのです。

経済の構造や動きを理解するために経済学という学問分野があります。おそらく、大学などで

経済の循環図

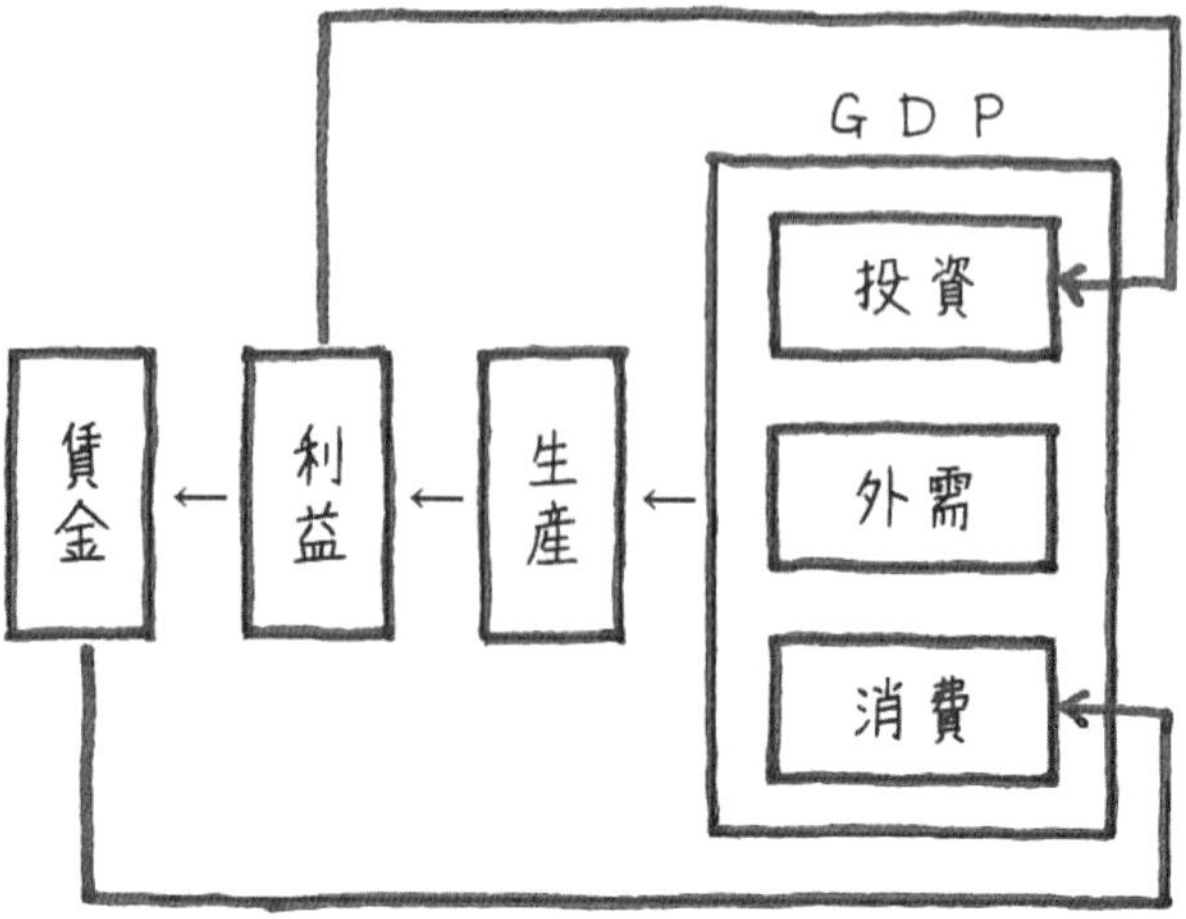

少しでも経済学をかじったことがあれば、経済記事の持つ意味は理解しやすいと思います。ただ、経済記事を読むだけのために経済学を一から勉強するのはなかなか大変でしょう。

そういう人は、2つの図を頭に入れた上で経済記事を読んでみてください。これだけでも、経済ニュースを理解する上でかなり助けになるのではないでしょうか。

上の図は、経済の流れを大まかに図示したものです。景気循環という言葉があるように、個々の企業でも経済全体でも一定のサイクル（循環構造）を持って動いているものです。個人や企業などの行動が、次の動きを誘発していくという連鎖があるわけです。この流れが頭に入っていれば、ニュースとして報じられている経済現象の前後の文脈が見えてきます。

サイクル自体について説明する前に、経済現象を引き起こす要素について整理しておきましょう。経済は災害や暖冬など自然現象からも影響を受けますが、なんらかの「意志」を持って経済を動かしているものを「経済主体」と呼びます。この関係を示したのが次の図です。

ここでは、日本国内で経済活動をする主体を「個人（家計）」「企業」「政府」の3つに分けましょう。海外にもこの3つが存在しますが、単純化のために「海外」とひっくるめて考えることにします。これで経済主体は4つに分類できました。

GDPはなぜ重要か

さて、一国の経済を理解するときに必ず出てくる統計が国内総生産（GDP）です。景気や経済の構造を理解するうえで不可欠な指標です。具体的には「1年間に国内で生産された財やサービスの付加価値の合計」などと定義されます。

GDPのそもそもの意味はその名の通り「生産」です。中身は様々で、自動車やテレビなどのモノもあれば、介護や理髪・美容などのサービスもあります。乱暴にまとめると、商品・サービスすべての金額を足し合わせたものがGDPになります。ただし、GDPでは何かの原材料として使われるものは除きます。完成形として提供される商品だけが対象になります。

これらは先に挙げた「個人」「企業」「政府」「海外」のいずれかが提供（販売）したものです。そして、そのすべてはやはり「個人」「企業」「政府」「海外」のいずれかが購入しているはずで

経済主体の関係

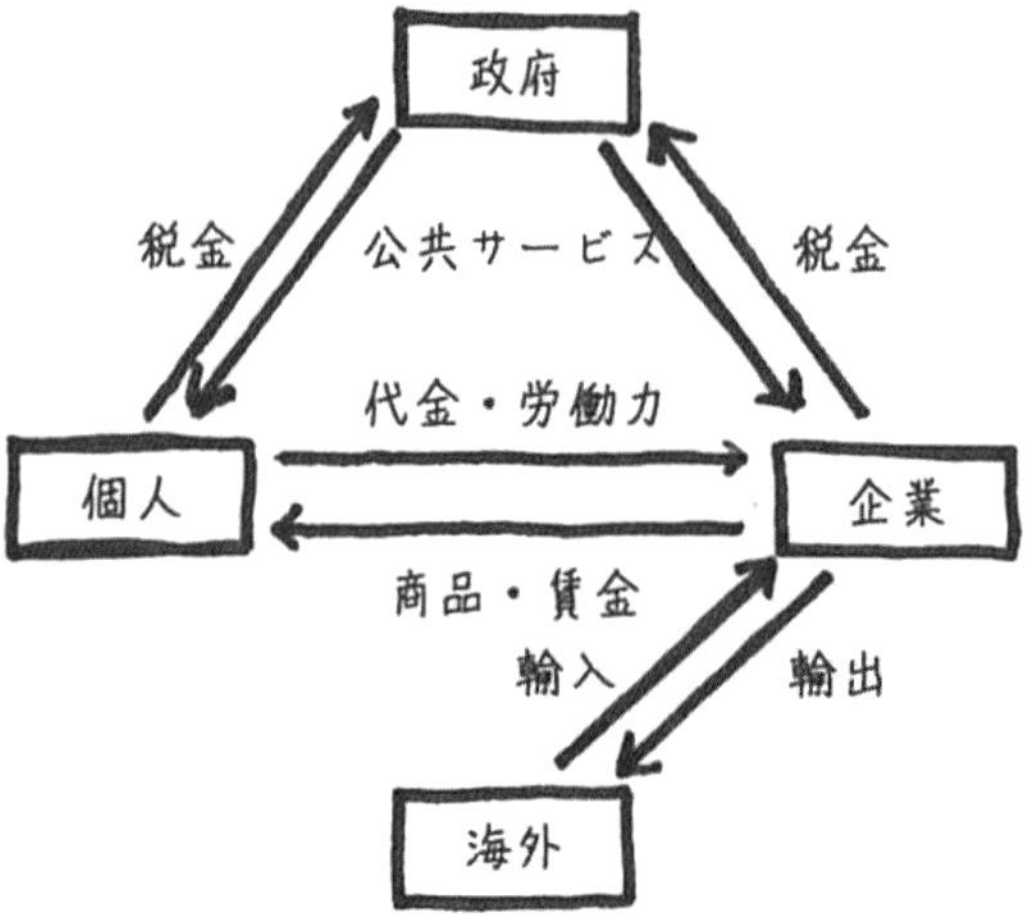

す。それぞれが支払ったお金は、やはりこの4主体のいずれかが受け取ることになります。

言い換えると、経済全体を見ると1国の「販売額（生産）」「購入額（支出）」「収入額（所得）」は、等しくなります。誰かが売ったものは必ず誰かが買っていて、そのお金はすべて売った側の収入になっているからです。

ですから、GDPという1国の生産の規模を計算するには、「販売額（生産）」から考える方法以外にも、「購入額（支出）」と「収入額（所得）」から考える方法が存在することになります。私たちが知りたいのは1国の経済活動の規模です。結果が同じになるのであれば、計算しやすい方法を3つの中から選べばいいのです。

統計が集めやすいといった理由で、よく使われるのが「支出面からGDPを計算する方法」です。この支出を国内についてざっくり分けると「消費」と「投資」になります。消費は私たち個人が食品や家電などを買う場合だけでなく、企業や政府が買うケースも含みます。「今必要なモノを買う」消費に対し、投資は「将来のためにお金を投じること」です。例えば私たちがこれからずっと住むために家を建てたり、企業がこれから生産を拡大するために工場を建てたり、政府が国民の生活を便利にするために道路を造ったりするのは、すべて「投資」です。

実際には、これ以外に「海外向け」の支出が含まれます。例えば日本は外国からたくさんの食料を輸入しています。この分は日本で生産されたものではないので差し引いておく必要があります。逆に輸出については日本で生産したものを「海外」が買うわけですから、両方を相殺して「外需」とまとめましょう。つまり「輸出－輸入」です。

景気のサイクルを理解する

経済のサイクルの話をするのに前置きが長くなってしまいました。もう一度176頁の図を見てください。経済はぐるぐる回っているので、特定の出発点はないのですが、説明の都合上、今説明した支出全体、つまり「消費」「投資」「外需」から考えてみましょう。この支出全体がGDPであり、様々な原因で増減します。景気が拡大するケースを考えると、以下のようになります。

例えば景気が良くなって人々の財布の紐《ひも》が緩めば「消費」が増えるでしょう。企業が商品の売り上げが増えると予想すれば工場や店舗を増やすので投資も増えます。政府が公共事業を増やした場合も「投資」が増えます。円安になれば輸出が増えて輸入は減るので「外需」はプラスになるでしょう。

このように「支出（需要）」が拡大していくと、それに応じるために「生産」も増やす必要がありますこれが次の段階です。モノやサービスをより多く提供するため、生産活動が活発になるのです。これは企業に「利益」を生むことになります。

そうなると個人の「賃金」が増えます。たとえば業績が良くなれば企業はボーナスをはずみます。工場が新設されたり、生産ラインが増えたりすれば地元で雇う人（雇用）も増えるでしょう。

個人は懐が暖かくなればちょっと贅沢《ぜいたく》をしてみたくなるものです。こうなると「消費」が増えます。給料が今後も上がっていくと思えば、家を建てるなど「投資」にもお金を使うかもしれません。もちろん企業も、工場や店舗を増やすなど「投資」にお金を振り向けます。こうして、経済のサイクルは一周します。

ここでは景気の拡大局面について取り上げましたが、もちろんこの逆もあります。消費や投資が減って生産活動にブレーキがかかり、企業の業績が悪化し、給料が減って……という負のサイクルが生じるわけです。

経済記事を読むときは、記事に書かれている現象が、この図のどの部分に当たるのかを考えてみてください。例えば「自動車メーカーが相次いで増産計画を発表している」という記事があったとします。これは「生産」が拡大する見込みであることを報じているわけです。生産が拡大するということは、「車が売れている」といった個人消費の拡大が背景にあるのかもしれません。円安で輸出が伸びているケースもあるでしょう。あるいは、建設業者がブルドーザーを買ったり、運送業車がトラックを買ったりする「投資」が伸びているのかもしれません。このように、ある経済現象の背景を推測すると、理解の深さが違ってきます。

一方、先行きについても考えることができます。企業の利益は拡大し、労働者の賃金も伸びるでしょう。自動車産業は裾野が広いので、部品メーカーや販売業者など多くの人が恩恵を受けます。

こうした所得の増加は消費を誘発します。いつもより外食にお金をかけたり、それこそ車を買い替えるかもしれません。企業は増えた利益をさらなる事業拡大に投じる可能性があります。

このように考えていくと「ニュースのつながり」が浮かび上がってきます。「半年前に読んだあのニュースが今回の記事に繋がっているんだな」「このニュースが出てきたということは半年後にはこういう記事が載りそうだ」といった分析ができるようになるのです。数字の羅列に見える経済統計の記事も同じです。一つ一つの統計は、このサイクルのどこかに位置付けられるからです。

経済ニュースに限りませんが、記事を読む面白さとは、こうした「推理」ができるという点にあります。推理をしながら読んでいくと、後日、それを裏付けるような記事が載っていたり、逆に理解できなかった経済現象の謎が氷解したり、といった知的な刺激が増えてくるのです。

こうしたストーリーが見えてくると、「これからしばらく給料が増えそうだ」とか、「あの業界の株が上がりそうだ」とか、「家を買うなら今だ」とか、自分の問題としてニュースを受け止められるようになります。就職活動でどの業界の採用が増えそうだとか、営業活動でどういったセールストークが有効になるかといった「実利」にも結びついてきます。

そうした意味では、経済記事は事件や政治についての記事に比べ、実は生活に密着したテーマを扱っているということもできます。もし経済ニュースが縁遠く、無味乾燥に見えるとしたら、こうしたニュースの流れやつながりが見えていないだけかもしれないのです。

3　国際面を読む

署名に注目する

国際面も、毎日ウオッチしている人が少ない面でしょう。米国の大統領選挙や国際紛争など、大きなニュースがあった時だけ読むという読者がほとんどかもしれません。この面を読む時に注目するのは、記事の最初や最後に出てくる記者の署名（クレジット）と、発信地です。

日本の全国紙、NHK、通信社は、だいたい1社で数十ヵ所の海外拠点を持っています。取材拠点が数十ヵ所もあれば全世界をカバーしているように思えますが、例えば欧州であればEU加盟国だけで30ヵ国近くあるのです。実際にはせいぜい10ヵ所程度の主要都市に拠点を置き、拠点のない国については出張などで対応しているのが実情です。

このため、海外ニュースの報道では、どうしても手薄な地域が生じます。英国やドイツなど、特派員がたくさんいる国ならともかく、ふだんは日本人が興味を持つようなニュースがあまりない国だと、何か事件が起きた場合、すぐには現地取材ができません。

ではどうやって対応するかといえば、CNNやBBCなどの国際放送を見たり、支局がある国の地元紙を読んだりして原稿を書くのです。これは、記事のクレジットを見ると、すぐにわかります。日本の新聞社は国際記事だけは、冒頭に特派員の署名を入れます。【パリ＝山田太郎】といったクレジットを見た覚えはあるでしょう。ここを見ると、記事がどこで書かれたかがわかる仕組みになっています。

この部分に注目していると、例えばギリシャ危機に関する記事のクレジットなのに署名が【ロンドン＝山田太郎】などとなっているケースがあることに気づきます。これは、ロンドン総局に所属する山田記者が、ギリシャの首都アテネに出張して記事を書いているという意味ではありません。山田記者はロンドンで原稿を書いているのです。もしアテネで記事を書いているなら、山田記者がロンドン総局に常駐する特派員であっても【アテネ＝山田太郎】と書くのが決まりだからです。クレジットの都市名は、記者が記事を書いている場所を表しているのです。

このケースでは、山田記者はロンドン総局で、BBCなどを見ながら記事を書いている可能性が高いといえます。アテネに情報源を持っていて、国際電話などで取材をしている可能性はありますが、いずれにせよ現地の様子は直接見ていないわけです。

もちろんギリシャも英国も同じ欧州ではありますが、東京と上海の距離よりずっと離れています。いってみれば、東京の記者がＮＨＫニュースを見ながら上海の記事を書いているよりも距離感が大きいかもしれないのです。これでは、ギリシャで何が起きているのか、本質を理解するのは難しいでしょう。

現場の重要性

国際報道に限りませんが、現場に記者が行っているかどうかは、情報の厚みという意味では決定的な違いを生みます。テレビの現地中継を見ていると、現場を見ているのと同じだという感覚に陥りがちですが、それはカメラで切り取られた「二次情報」に過ぎません。現場に立ってみると、実際の「空気」や状況は全く違っていた、というケースは少なくないのです。

どんな記者でも、先輩から飽きるほど聞かされている言葉があります。「必ず現場に行け」です。たとえ自分がすでに行ったことがある場所、そこで何が起きたかを知識として知っている場合でも、現場に足を運べという意味です。

時代錯誤の精神論に聞こえるという人もいるかもしれません。グーグルを使えば、世界中の町並みを見ることができます。ネットを検索すれば、大抵の物事について解説を見つけることができます。ユーチューブには、テレビでも見られない映像があふれています。

確かに現代は、実際に現場に行かなくても「見る」ことが可能な時代です。「なぜわかりきったことを確認するためだけに現場に行くのか」と思う人も少なくないでしょう。その訳は、現場に立って初めて見えてくることが無数にあるからです。どんなにネットが情報を提供しようが、実は「わかり切って」などいないのです。

それは、どんな情報もなんらかの「編集」や「加工」を経ているからに他なりません。「テレビカメラに映っていないものは何なのか」を考えることは、メディアリテラシーの基本中の基本です。言い換えると、テレビや新聞のニュースであれ、それ以外のネット情報であれ、必ず「抜け落ちている情報の方が圧倒的に多い」のです。

実際、現場に行くと自分がそれまでに得ていた情報が、いかに全体の中の、ほんの一部分に過ぎなかったかを思い知らされます。「わかったつもり」になっていただけで、本当のところは理解していなかったことに気づくのです。「百聞は一見にしかず」と言いますが、テレビやネットの映像を「見た」としても、それはここでいう「一見」には値しないのです。

記者が現場に行ったり現物を見たりせずに書いた記事は、情報の深さという点で限界があります。これは、日本と文化が全く違う地域の報道についてはとくに注意したいポイントです。

ですから、ニュースや解説を読む際には、記者が現場を見ているのか、見ているとしたらどれくらいの期間、そこに滞在しているかに注目する必要があります。例えば、ふだんは「ロンドン発」で記事を書いている記者のクレジットを、突然「アテネ発」の記事で見たとしたら、それは出張して取材していることを意味します。現地に立っているという意味では、「ロンドン発」のアテネ情報よりずっと精度は高いと考えられます。ただし、アテネ支局を設置して特派員を置いている新聞社に比べると、得られる情報は限られるでしょう。例えば「危機前と危機後の変化」は、ずっとその場所に住んでいなくては見えないものだからです。例えば東京から大阪に転勤した人が、現地に馴染んで「地元のことがわかるようになった」と感じ始めるのは2~3年が経過してからではないでしょうか。同じ国の中でさえそうなのですから、言葉も違う外国であればなおさら滞在期間が取材の深さに影響します。もちろん報道機関もこうしたハンディキャップを補うために、海外支局に現地の人をスタッフとして雇うなど対策は講じています。ただ、日本国内での取材態勢に比べれば、人員の配置も現地での人脈も相当手薄です。

記事を書いている記者が、普段どこで取材をしているのかは、最近ではネットで簡単に調べることができます。その新聞社のニュースサイトで名前を検索すれば、事件の発生までは別の地域に常駐していた、といった情報はすぐに手に入ります。現地にどれくらい住んでいるかまでわかるケースもあります。

日本の新聞の国際報道は、事件の初報など雑報については現地報道の要約版、という位置付けで読むといいでしょう。それでも現地のニュースサイトなどを探して外国語で記事を読むことを考えればかなり便利です。読者の大半にとっては、それで十分でしょう。

現地の情勢を深く分析する必要がある時はクレジットに注目し、「なるべく現地に長く滞在している記者」「現地を直接取材している記者」の論評を選んで読むといいでしょう。日本にいる記者でも、最近まで長く現地にいた記者の分析も参考になると思います。少なくとも、とんでもなく的外れなことは書いていないはずだからです。

4　社会面を読む

事件記事を分析する

社会面は、1面を除けば新聞の中で最もよく読まれているページではないでしょうか。私も新聞を読み始めたころは、まず社会面を開いていました。ビジネスなど「実利」に結びつく情報は少ないかもしれませんが、世の中の話題を押さえておくには欠かせない情報源といえます。

新聞記者の修行も、たいてい「サツ回り」から始まります。入社すると警察担当になり、事件や事故の取材をすることで、報道の基礎を学ぶのです。もっとも、私がいた日経新聞だけは、ほとんどの記者が役所や企業の取材を通じて修行を積みます。私自身もサツ回りや社会部での経験はないので、ここで書くことも社会部記者などからの伝聞に基づくことをご了承ください。

さて、記者修行が警察取材から始まるのには、「秘密情報を聞き出す」というニュース取材で最大の難関を経験できるからでしょう。これには、取材先と信頼関係を築き、法律で定められた手続を理解し、現場に足を運んで観察するといった、記者に求められる作業や能力の全てが詰まっています。

同様に読者にとっても、社会面の事件記事は情報分析の基本的な姿勢を身につける教材として有用です。ニュースを正確に理解するには、警察が発表文などで使う定型表現（プロトコル）や、刑事手続などの法律や制度（制約条件）を知っておく必要があります。ニュースの全体像を理解するには、さらに警察や検察といった捜査当局や、容疑者、弁護士などがどんなインセンティブを持って活動しているのか（行動原理）を考え合わせなければならないからです。

まず記事のプロトコルについて言えば、社会面はとくに独特の定型表現にあふれています。事件や事故のニュースに出てくる、「頭を強く打って」「全身を強く打って」といった表現もその一つです。私たちも日常の会話で「頭を強く打って大変だったよ」などと使うことがありますが、新聞や警察が使う意味は少し違います。

注意して記事を読むと、ニュースで「強く打って」という表現が出てくるときは、その人は「死亡」するか「（意識不明の）重体」になっているはずです。これは、「強く打つ」が、身体に回復し難いほどの衝撃を受けた場合に使われる表現だからです。「頭を強く打って全治二週間のけが」というケースはまずありません。

これは、「頭蓋骨が陥没」「原形をとどめない」などと書くと読者を不快にしたり、遺族を傷つけたりする恐れがあるからです。ここでは詳しく述べませんが、同様な言い換えはとくに性犯罪では多用されます。

何百万人という人の目に触れる記事ですから、そうした配慮は不可欠です。しかし、それは同時に新聞の「限界」でもあります。週刊誌で「新聞が書かない○○の真相」といった見出しを見かけますが、発行部数や読者層が異なれば、「どこまで書くか」という基準も変わってくるのは当然です。この点はどんな媒体を読むときも頭に入れておくべきでしょう。

表現については、容疑者が警察に対して「間違いありません」と犯行を認めている、という記事もよく見るはずです。冷静に考えると、様々な個性を持つ容疑者がハンを押したように標準語で「間違いありません」と話すのは不自然です。要するにこれは、警察などが容疑者から供述をとって作成する「調書」のフォーマットなのです。現実にこの通りの言葉を使って話したわけではなく、警察の手続上、容疑者から自白を得る作業が終わった、ということを意味するのです。

刑事事件の手続きの流れ

こうした点に注目すると、刑事手続きがどのような流れで進んでいるのかも見えてきます。政治面と同様、事件報道もこうした手続の「スケジュール」を頭に入れて読む必要があります。

新聞記者は、図に示したような流れの「節目」をスクープするのを競っています。例えば事件発生直後であれば、「～という目撃情報」「容疑の男を指名手配」といった見出しの記事が書ける情報が対象になります。次に「今日にも強制捜査へ」といった記事を打てるかどうかが勝負どころになるわけです。

容疑者の身柄が確保されると、次は「容疑の認否」「供述された犯行の詳細」「余罪の自白」などが記者のターゲットになります。容疑者が犯行を認めず、その主張に説得力がある、あるいは十分な証拠が集まらないといった場合は起訴できないため釈放されます。

事件報道を読むときに気をつけなければならないのは、こうした手続きはすべて法律や、捜査当局の内規などルールにのっとって進められているということです。極端な話、ある事件で国民の9割以上が「この人のやったことはけしからん」と思ったとしても、法律で罰する規定がなければ無罪です。

みなさんは記事を読んでいて「警察は慎重に調べる方針だ」など「慎重に」という表現を見たことがあるかもしれません。考えてみると慎重に捜査するのは当然なのですが、わざわざ記事がこう書いているときは、「当局は逮捕（起訴）できない可能性がかなりあると考えている」ことを示唆しています。言い換えると、裁判で有罪にできるだけの証拠が揃っていないか、法律の解釈上、罪に問いにくいケースだとみているのです。

こうした事件の報道は、ほとんどの読者にはじれったく感じられることでしょう。「なぜ逮捕（起訴）しないんだ」といった不満を感じるかもしれません。捜査当局のそうした判断をはっきり批判しない報道機関に対しても「犯人をかばうのか」「警察に強いことが言えないんだろう」などと矛先が向かうことがあります。

しかし、日本は法治国家です。法治国家とは、国家権力や民衆が自分たちの都合や感情で人を

刑事事件の流れ（例）

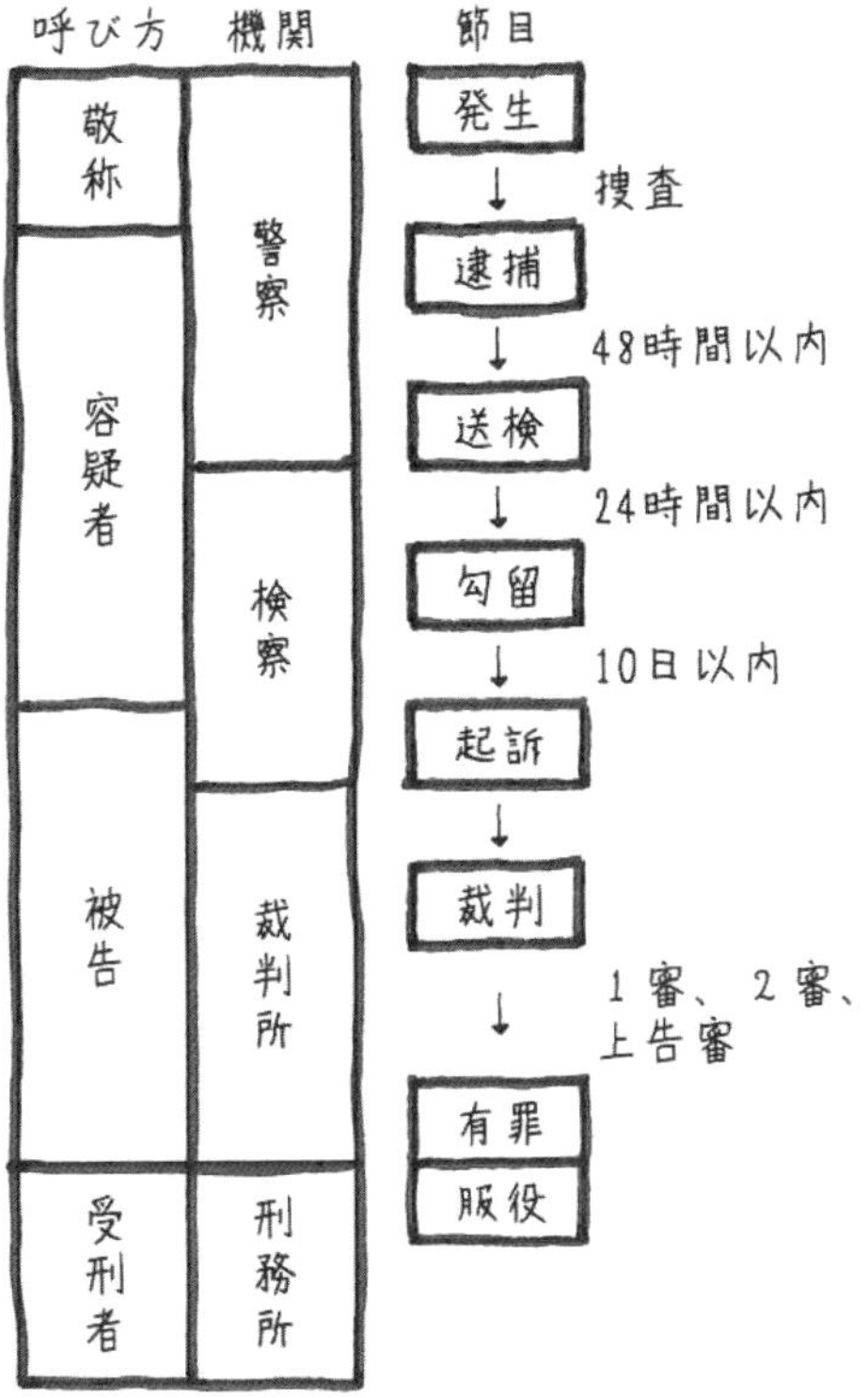
呼び方
機関
節目
敬称
容疑者
被告
受刑者
警察
検察
裁判所
刑務所
発生
捜査
逮捕
48時間以内
送検
24時間以内
勾留
10日以内
起訴
裁判
1審、2審、
上告審
有罪
服役

罰しないよう、さまざまな「ブレーキ」を組み込んだ社会です。法律で決められた範囲でしか人は罰を受けないようになっているのも、このためです。

推定無罪（無罪推定）の原則もその一つです。すでに述べたように、刑事事件では「容疑者の逮捕」が一連の報道の大きな節目です。しかし、法律上は「逮捕された容疑者＝犯罪者」ではありません。法律上、犯罪者として罰を受けるのは、取り調べや起訴手続き、裁判など長い手続きを経てからです。それまでは公的にも私的にも「罰」を与えてはいけないのです。

新聞の容疑者の扱いも年々、慎重になっています。これは、無実の罪で有罪になる冤罪事件が次々に発覚したことが影響しています。1980年代まで、新聞は容疑者を呼び捨てにしていました。しかし現在は「○○容疑者」という書き方をします。これは「犯人である○○」ということを言っているのではなく、「疑いを持たれているが無罪という前提で扱われるべき人」という意味です。

このように、「ルール」の側も社会に合わせて変化しています。その変化は、より「推定無罪の原則」を厳しく適用し、人権に配慮する方向で進んでいます。次章の2節で、人権保護の取り組みを加速するきっかけとなった「松本サリン事件」に触れますが、社会面を読むときは、こうした世の中の流れにも注目すると面白いでしょう。

コラム：日経新聞の読み方

「面」ではありませんが、日経新聞の経済ニュースを読むときのポイントについても説明しておきましょう。私自身が記事を書いていた新聞でもあるし、ビジネスパーソンや就活生を中心に、ニーズが高いと思うからです。

日経は当然のことながら経済ニュースをコンテンツの中心に据えており、人員も重点的に配置しています。部署も、他紙なら「経済部」が一つあるだけですが、日経では「経済部」「証券部」「企業報道部」などに細かく分かれています。そして、それぞれの部が、「経済面」や「証券面」といった担当面を抱えているのです。こうした各面の内容と、「経済の流れ」で示した図を重ね合わせながら読むといいでしょう。

例えば「企業面」には、主に大企業の動向が掲載されます。この面に載る「主力工場の増産・減産」についての記事を読めば、「生産」の状況が分かります。これに対し、「経済面」では経済・金融政策や経済指標といった経済循環の全体にかかわるニュースを扱います。日経の場合、このミクロとマクロのニュースを合わせて読むことで、経済の全体像が見える仕組みになっています。

例えば自動車業界の動向をウオッチしたい場合は、生産や経営戦略については企業面、財務や株価については証券面を中心に定点観測することになるでしょう。このとき経済面や政治面にも目を配り、車の売れ行きを左右する景気が好不況のどちらに向かっているのかや、今後どのような経済政策が打たれそうなのかにも注意しておく必要があります。

経済の「通」が注目しているのは「マーケット商品面」です。金属や食料など「モノやサービスの値段」をまとめた面で、商品部が担当しています。

商品相場は企業や景気の現状や先行きを、景気指標や株価とは別の側面から読む手がかりになります。例えば、大手メーカーは製品を増産するとき、生産ラインの増強と並行して、必ず原材料や部品を手当てしなければなりません。こうした需要の増加が見込まれる場合、市場では速やかに価格が上昇します。「実際に増産が始まった」「実際に雇用が増えた」といった動きを先取りして、変化が現れてくるのです。

国内経済の動きだけでなく、グローバルな経済動向も見えてきます。船の運賃もその一つです。航空機が発達したとはいえ、原油や鉄鉱石、自動車など、ほとんどの物資は今でも船で運ばれます。貿易が活発になれば船による輸送の需要は上がり、逆に世界経済が停滞すると需要は下がることになります。

しかし、大型船を造るには巨額の費用と長い時間がかかります。輸送の需要が増えたり減ったりしたからといって、数を調整するというわけにはいきません。言い換えると、少し需要が増えただけで、すぐに足りなくなります。他に手段がないので、先々まで予約が埋まり、価格はすぐに高騰してしまうのです。

逆に需要が落ち込んでも、船や定期便を減らすことには限界があります。どうせ船を出すのであれば、空気を運ぶよりは少しでも荷物を積んだ方がいいので安売りが始まります。こうなると

日経新聞・経済系ニュースの面と担当

部	取材対象	担当分野	執筆面
経済部	経済官庁、日銀、金融機関	景気、金融機関の経営、金融・財政政策	経済、金融
企業報道部	製造業・サービス業の企業	企業の経営・商品開発・経営	企業総合、企業、企業・消費
証券部	証券会社、取引所、企業の財務部門	市場の動向、証券会社の経営、企業の財務	証券、投資情報、マーケット総合
商品部	卸売市場、商社、素材メーカー	素材・原油・農作物などの価格動向	マーケット商品

運賃が急激に下がるのです。

経済を読み解く上では、こうした「どこにどんな兆候が現れるか」を知っておくことが不可欠です。それは経済指標であることもあれば、企業などの動きであることもあります。それらが、どの面に、どんなニュースとして掲載されるかを知ることが経済情報の分析の第一歩になります。

日経を読む上では、その政治的なスタンスも知っておく必要があるでしょう。日経の論調は、基本的には日本経済団体連合会（経団連）に役員を出している企業・産業の意見とかなりの程度、一致します。具体的には金融、商社、メーカーなどの有力企業です。逆に農業団体などとは路線が対立する傾向があります。

例えばＴＰＰ（太平洋戦略的経済連携協定）など、自由貿易政策に対するスタンスは輸出企業寄りになります。関税が撤廃されると、安い輸入品との競争を強いられる農業には負担となりますが、自動車など輸出産業にとっては恩恵が大きいからです。記事を情報として分析する際には、社説などに表れる論調にも目を配り、どんなバイアスが存在するかを頭に入れた上で読む必要があります。

第7章

情報リテラシーを鍛える

新聞は情報リテラシーを高める最高の教材です。実際、ここまで説明してきた知識を実践するだけでもかなりの効果がでるはずです。この章では、更に上を目指した情報分析に向けて、角度を変えて考えてみます。具体的には、縮刷版の過去記事を読むことを通じて、予測や変化、記憶について自覚を深める方法や、冷静に記事を読むことで客観的な視点を維持するための練習方法について説明します。

1　過去・現在・未来の視点を持つ

新聞の縮刷版を読む

報道に対する関心が高い人の多くは、「物事の裏側」や「未来」といった、本来は見えないものを見通す力を身に付けたい、という動機を持っているのではないでしょうか。

しかし、ここまで説明してきたように、記事はニュースが発生してすぐに書かれるので、情報の質や量に限界があります。例えば、「ある民家で、胸に包丁が刺さった男性の遺体が発見された」というニュースなら、第一報の段階で、これが殺人なのか自殺なのか事故なのかは、はっきりしていません。警察がどんな心証を持って捜査をしているかまでは書けるかもしれませんが、断定的するには見えていない部分が多すぎるのです。仮に現場検証をした警察が有力な手がかりを得ていたとしても、記者がそれを聞き出すことができなければ記事には盛り込まれません。つまり記者自身、見えていないことがたくさんある中で記事を書いているわけです。

これは「現在起きていることにも見えていない部分がある」という例です。それに対し、「事件が今後どんな展開を見せるか」という未来については、神様でもないかぎり、知ることはできません。数日後に犯人が自首してくるという展開もあり得ますし、翌日に男性の親族が遺書を郵便で受け取って警察に届け出る可能性もあるでしょう。ただ、これらを事前に「知る」ことは、どんな人にとっても不可能なのです。

では、こうした見えないものを見る力を身につけるには、新聞をどう活用すればいいのでしょう。もちろん、百発百中で言い当てる術はありません。しかし、精度を上げていくことなら可能です。つまり、現時点で見えている情報だけを頼りに、見えない部分や先の展開を予想する「勘」を磨くのです。このとき有効なのが、すでに説明した「立体的な分析」に、過去・現在・未来という「時間軸」を付け加える方法です。3次元＋時間ですから、4次元で物事を考える視点を持つ、ということもできるでしょう。

この訓練には、新聞の縮刷版を使います。1冊（1ヵ月分）が数千円もするので、個人で買うのは非現実的ですが、全国紙や地元のブロック紙の縮刷版であれば、中規模以上の図書館や大企業の資料室にはたいてい置いてあります。手元に置いて読まなくても、まとまった時間がある時に図書館などで何度か集中して読めば十分です。

私がおすすめしたいのは、「同じ新聞の紙面を、今日の日付から10年刻みでさかのぼって読む」という練習です。まず、当日の朝刊を読んでから図書館に出かけます。朝刊は図書館にも置いてありますが、休日だと借りている人がいてなかなか読めないからです。縮刷版の字は小さいので、老眼気味の人はルーペを持参するといいでしょう。

仮にその日が2月24日なら、図書館では10年前、20年前、30年前、40年前、50年前の2月号を借ります。区切りとして半世紀前まで遡るのが理想的ですが、もし図書館に置いていなければ、30年前までで十分だと思います。そして、各刊の2月24日付けの紙面を、古い方から順に読んでいきます。このとき、時間の許すかぎり、他の日付の紙面にも目を通します。

やってみるとわかりますが、これは非常に面白い作業です。例えば10年前ならまだ記憶が鮮明ですが、20年前の紙面になると読んでいて「懐かしい」という感情が生じます。30年以上前であれば若い人なら生まれていないし、中年以上の人でも記憶が曖昧になっているため、「そんなことがあったのか」という発見と驚きがあるはずです。

この作業の意味は、「神の視点」に立って新聞を読めるという点にあります。縮刷版の記事をリアルタイムで読んでいた読者（自分）や、それを書いた記者には、まだニュースの全体像やその後の展開が見えていなかったはずです。しかし、それを読んでいるあなたは、すでにそれらの多くを知っているか、少し調べれば知ることができるのです。

これは過去の出来事をまとめた解説本を読んでも得られない視点です。こうした本は、全てがわかった後で、いわば「後知恵」で書かれているからです。縮刷版に載っているのは、記者や取材対象、コメントを寄せた専門家らが知っていた極めて限られた情報と、それらをいわば即興で分析した結果です。逆説的ですが、こうした限界のある不完全な情報だからこそ、何かを推測したり予測したりする訓練に役立つのです。

というのも、縮刷版を読むと「人間には何が見えて、何が見えないか」が見えてきます。これは「無知の知」が獲得できることを意味します。再び「敵を知り己を知れば百戦危うからず」という故事に引きつければ、情報の立体的な読み方は「敵を知る」ための方法論です。一方、人間の情報収集能力や予測能力の限界を見極める作業は「己を知る」ための手段といえます。情報分析は、この両面が合わさって初めて有効になるといっていいでしょう。

縮刷版を読む際のポイント順に説明していきましょう。

変化のスピードをつかむ

時計の短針を眺めても動いていることがわからないように、私たちは日常生活の中で歴史の動きを感じることはほとんどありません。社会構造や文化の変化はとてもゆっくりと進行するので、どこに向かっているのかや、それがどれほどのスピードなのかは、リアルタイムで感知できないものなのです。

しかし、10年スパンで振り返ると、そうした変化がはっきり見えてくることがあります。環境問題はその一例です。40年前、50年前の新聞を読むと、環境汚染に関するニュースが溢れていることに気づきます。都市部での光化学スモッグ、工場排水の垂れ流しによる河川の汚染などの問題が、１面から政治・経済面、社会面に至るまでこれでもかというほど載っています。

誰もがすぐに思い浮かべるのは、現在の中国の状況でしょう。ＰＭ２・５を含むモヤに覆われた都市の風景は、私たちにとってもすでにおなじみです。多くの人は「とんでもない環境だ」と思うでしょうが、それとほぼ同じ状況が40～50年前の日本にはあったのです。おそらく、当時の住民が今の東京の空や川を眺めると驚くはずです。私たちは東京の空や川がきれいだなどとは感じませんが、40年前と比較すると劇的に改善しているからです。

言い換えると、環境や制度の変化はそれくらいのスパンで見なければならないということがわかります。数年前と比べて改善が見られなかったとしても当然なのです。逆に、今年と昨年で状況が変わっていないように見えても、何か悪い変化が進行している可能性もあります。それらは人間の感覚では捉えられないのだ、という認識が必要なのです。

同様に時間の幅を長くとると、「その時の常識では想像できないことでも、時が経つと実現するケースがある」ということも理解できます。80年代の政治面を読むと、その10年後に自民党と社会党（現社民党）が連立政権を組んでいるなどとは誰も想像できなかったことがわかります。裏返せば、政治状況は10年スパンで見るとそれくらい劇的に変化し得るものなのです。

10年ごとに新聞を読んでいくと、こうした変化についての「肌感覚」が養われます。こうした感覚は、今起きているニュースの展開や、社会に対するインパクトについて正しい見通しを持つ際に効いてきます。「この分野の変化は遅いけど、10年後にはびっくりするほど状況が変わっているかもしれない」といった予測ができるようになるからです。

その時代の常識に囚われると、社会変化の可能性を見落とすリスクがある、という認識も大事です。ほとんどの人は、未来を「現在の延長」としてしか描けません。そうした見方は日常生活を送る上では十分に役に立つし、たいていは大きく間違ってはいません。しかし、ライバルが気づいていないビジネスチャンスを先取りしたり、周囲が見落としているリスクに備えたりする際には、別の思考回路を鍛えておく必要があるでしょう。「起こり得るはずのないことが起きた」という事例をたくさん知っていれば、組織の中で説得力のある説明をする際にも使えるはずです。

予測の精度を知る

記事には様々な「予測」が出てきます。例えば政府やシンクタンクなどが示す景気の見通しは、それ自体がニュースとして報じられます。また、ニュース解説の中で、業界団体や専門家などによる予測値がコメントやグラフなどの形で引用されることもあります。縮刷版を数冊読めば、こうしたなんらかの予測が必ず出てくるものです。

こうした見通しは、どれくらいあてになるものなのでしょう。普段から目にする機会は多くても、後でそれが的中したかどうかを検証したことがある人は少ないのではないでしょうか。結果が出た頃には、誰がどんな予測をしていたか、忘れているものだからです。しかし、縮刷版であれば、そうした検証をまとめてすることができます。

注意して読んでいくと、予測する分野によって当たりやすいものと当たりにくいものがあることに気づくでしょう。こうした傾向を摑んでおくことも重要です。例えば、70～80年代の紙面を読んでいると、人口動態や公的年金について悲観的な見通しを示した記事が、意外にたくさん出てきます。「2000年代にはこんなことが起きる」という予測も登場します。

少子高齢化や年金の問題が「今そこにある危機」として表面化し始めたのはここ10年ほどのことです。実際に「子どもが減って学校の統廃合が進んでいる」とか、「親の介護を理由に仕事を辞める人が増えた」とか、「年金の支給開始年齢が延びて定年後の生活設計がおかしくなった」といったケースを目にするようになったからです。しかしこうした「未来」の到来は、すでに過去記事を読むとずっと前から極めて正確に予言されていたことがわかります。ここでも、生活者の肌感覚としては実感しにくいスピードで変化は進んでいたわけです。

もっとも、こうした予測が的中するのは、当たり前といえば当たり前の結果です。ある国の年齢構成は、子どもが増えるスピードと、人が亡くなるスピードのバランスで決まります。出生率や死亡率は戦争や移民政策の転換などがない限り、非常に安定しています。言い換えると10年を超えるような長期の予測でも比較的高い精度で的中させることができるのです。年金も、基本的には保険料を納める人と、年金を受け取る人のバランスで決まります。人口構成が正確に予測できるなら、先行きがどうなるかは簡単に予想できるわけです。

人口動態や年金の未来は予測しやすいことが論理的にもわかりますが、産業分野ならどうでしょう。ビジネスパーソンにとっては、こうした予測が非常に重要なはずです。以下は私の個人的な印象なので、ビジネスで必要とされる方は実際に検証していただきたいのですが、自動車に関する技術の進歩や市場予測は、10年など長期で見ても比較的精度が高いのではないかと思います。

本来、技術進歩や市場占有率の予測は、10年先であっても極めて困難です。予測方法も、単純化して言えば「現在の変化がこの先も続けばこうなる」というものがほとんどで、意味があるのはせいぜい3〜5年先までです。それ以上になると市場環境が大幅に変わってしまい、前提条件が崩れてしまうからです。こうした限界を割り引いた上で見ると、エコカーに関する技術進歩や普及見通しなど、自動車に関する予測は「当たらずしも遠からず」というレベルには達しているものが多い気がします。10年前や20年前の記事で言及されている「見通し」の部分を読んでも、笑ってしまうほど的外れな予測はあまりありません。

逆に、予測が外れるケースが多いのがＩＴ産業です。興味のある方は、10年前、20年前……と正月（1月1日付）の紙面をさかのぼって読んでいくといいでしょう。正月の特集面では、毎年「未来の技術」についての特集をするものだからです。

こうした記事によると、記事が書かれた10年後、20年後に生きる「未来人」たる私たちは、すでに社長秘書並みの働きをする人工知能に助けられながら生活していたりします。また、30年前、40年前の記事を読んでも、同じように「実現しない未来」が繰り返し登場するのです。

こうした自動車産業とＩＴ産業の予測精度の差は、おそらく産業構造の違いからくるものでしょう。自動車産業は世界的な合従連衡があるとはいえ、市場にインパクトを与えるような新規参入はありません。ＩＴ産業ではこれとは対照的に、プレーヤーがどんどん入れ替わります。

技術の成熟度も全く違います。自動車は量産され始めてから約１００年の歴史を持っているのに対し、パソコンは一般向け製品が出回り始めてからまだ30年、インターネットに至っては20年しか経っていません。技術革新の段階やスピードが全く異なるのです。

商品特性にも違いがあります。ＩＴ系の商品・サービスは最初に優位に立ったプレーヤーが市場を総取りする傾向があります。ちょっとした開発スピードの差や、技術の本質とは関係のない偶然が、シェアを大きく左右することが多いのです。代表的なのがパソコンのＯＳをめぐるマイクロソフトとアップルのシェア争いです。これに対して自動車産業はシェアがある程度固定しています。技術開発の計画もそれを前提に進めることができるため、計画がそのまま予測につながる側面があるのでしょう。

こうした、分野ごとの予測精度の違いについては、過去記事を読んでいると肌感覚としてわかるようになります。すると、記事の中に同じような予測が出てきたとき、「この分野の予測だからだいたい当たりそうだ」といった勘が働くようになります。

ただし、こうした精度があくまでも「過去の実績」に過ぎないという限界も覚えておくべきでしょう。例えば人口動態の予想がこれまで正確だったのは、戦争や致死的な感染症の大流行などがなく、死亡率の劇的な変化が起きなかったからです。過去記事を読めば、他国では同じ時期にそうした変化が起きた例があることにも気づくはずです。何かのきっかけで出生率が2倍、3倍になっても人口構成がすぐに変わることはありませんが、移民政策が転換された場合は、劇的な変化が起こり得ます。

自動車産業とＩＴ産業の違いにも同じことが言えます。自動車に関する予測が当たりやすいのは、技術や市場が成熟しているからです。しかし、動力がガソリンエンジンから電気とモーターに置き換わったり、人工知能による自動運転が普及したりしたらどうでしょう。自動車産業がＩＴ化していく未来像は、今では絵空事ではありません。

こうした予測精度の検証は、専門家や研究機関などについてもしておくといいでしょう。例えば投資家なら、どのアナリストやシンクタンクの予想が当たっているかを遡って見ていけばいいのです。こうした人々がバブル崩壊やリーマンショックの前後に何を言っていたかは、非常に参考になります。「ナマズが暴れ出すと地震が起きる」ではないですが、相場が大きく動くときに関係者がどんな言動を始めるかを知れば、今後、変化の予兆を見抜く助けになるでしょう。

外れた予測については、「この情報源は信頼できない」と判断して終わるのではなく、「なぜ予測が外れたか」についても考えるといいでしょう。原因が不可抗力によるものなのか、本来は見えていたはずの重要な要素を軽視したからなのか、といった検証は、自分が何かを分析したり、人の分析を参考にしたりする際に役に立つからです。

記憶の歪みを正す

誰しも、自分の記憶に基づいて現実を理解しています。そして「自分の記憶は正しい」という前提で、考えたり、行動したりしているはずです。しかし、記憶というものはしばしば歪みます。他人から聞いた話を、あたかも自分が体験したことのように思い込んだり、記憶の一部を忘却したことで、実際とは違うストーリーとして再構築されたりすることは、私たちが想像する以上に多いものです。

縮刷版を読むという行為は、自分自身の記憶の歪みや欠落に気づき、意識するきっかけになります。自分の記憶が持つ限界を知れば、判断を下す前に「念のため」事実を調べてみるという姿勢が身につきます。これもまた「無知の知」の一つといえます。

当たり前のことを言っているように聞こえるかもしれませんが、これは極めて重要な認識です。「自分が知っている」と思うことについて、普通の人は確かめません。しかし、新聞記者など情報のプロは、可能な限り信頼性の高い情報源に当たって「当たり前のこと」を検証します。

そして、そういう「基本動作」を身につけると、いかにこの検証が大事かを知ることになります。自分が事実だと思い込んでいたことが勘違いであることに、頻繁に気付かされるようになるからです。正確な情報に基づいて分析するには、「自分が事実だと信じていること」まで含めて検証しなければならないことを、実体験を通じて理解し、心がけるようになるのです。

縮刷版を読むと、もう一つの「記憶問題」に気付かされるでしょう。これまで述べたのは「自分の記憶」の歪み・欠落についてですが、同じことは「社会の記憶」でも起きるからです。

歴史というのは、いわば民族や国民の「集団記憶」です。私たちは何十年、何百年前の出来事はもちろん、数年から10年、20年程度前の「最近の出来事」についても共通の記憶や認識を持っています。自分自身が直接体験したことでなくても、「あの時はこんなことが起きた」「それは社会にこんな影響を与えた」といった記憶や認識を持っています。ところが、こうした「常識」もまた、しばしば歪みます。

例えば、１９９０年前後のバブル絶頂期からバブル崩壊にかけての時期の記事を読んでいると、当時の世相が具体的に浮かび上がってきます。今ではバブル崩壊の原因として、大蔵省（当時）による不動産融資の規制や、日銀の性急な利上げが槍玉に挙げられます。「急ブレーキを踏んで軟着陸のチャンスを台無しにした」という批判を読んだことがある人は多いでしょう。

今から振り返れば、「なぜそんな馬鹿な真似をしたのか」と不思議に思えます。大蔵省や日銀の経済エリートが、庶民でもわかる常識を無視して暴走した結果だ、というイメージを持っている人も多いでしょう。

ところが規制の強化や利上げを報じる当時の紙面を見ると、「まだまだ生ぬるい」「早く一般のサラリーマンでもマイホームが買えるレベルまで地価を下げろ」などと、日銀や大蔵省を煽る世論があふれています。マスコミも含め、ほとんどの国民が実際にそう言っていたのです。

過去の紙面を読むと、少年犯罪についても、社会の記憶の曖昧さを実感することになるでしょう。私たちは「近年、凶悪な少年犯罪が増えた」という印象を持っています。最近は「統計を見ると逆に減っているのだ」という指摘も目にするようになりましたが、そう聞いたとしても、体感治安が悪化しているので、なかなか腑に落ちないでしょう。

しかし、40年前、50年前の社会面を読むと、凶悪な少年犯罪が毎月のように報じられています。逆にあまりにも多すぎて「新奇性」に欠けるため、今なら1面トップでもおかしくないような事件が、社会面の見出し3～4段と、地味な扱いで処理されています。

むしろ因果関係は逆で、最近は少年犯罪が減って「ニュースとしての希少価値」が上がったからこそ、昔ならすぐに忘れ去られたような事件が、何日も続けて紙面やテレビのワイドショーを賑わすのです。そして、それが「少年は凶暴になった。昔は純朴な子どもが多かったのに」という社会常識を作っているわけです。

過去の紙面を通じてこうした現実を思い出せば、人間がいかに都合よく過去を忘れたり、正当化したりするかを実感できます。自分の記憶が実はあてにならないように、社会の「常識」もまた、疑う必要があるのです。

2　自分の感情をコントロールする

「犯人」への怒り

ニュースやその解説を読んでいると、様々な感情が湧いてくるものです。殺人事件についての報道を目にすると、犠牲者や遺族への同情、犯人への怒りを感じるでしょう。政策についての記事を読むと、自分がそれに賛成であれば提案した政治家や官僚を応援したくなりますし、逆に反対であれば怒りや反発を覚えるかもしれません。投資家も、自分がとっている戦略を肯定するようなニュースを読むと喜しくなるでしょう。こうした感情自体は人間にとって自然なものです。しかし、情報を客観的に分析する時には、できるだけ排除する方が賢明でしょう。強い感情はしばしば事実を観察する目を曇らせるからです。

「むざんな他殺体が発見された」というニュースを例にとりましょう。第一報を目にした時、人は「怒り」と「恐怖」という二つの感情を刺激されるはずです。残虐な犯人を罰したいという気持ちと、犯人が捕まらない限り新たな犠牲者が出るかもしれないという不安が心に渦巻くのです。

こうした強いマイナスの感情を抱えたままだとしんどいので、人は無意識に早く解消したいという欲求を持ちます。そうした中で「犯人らしい人」が登場し、事情聴取を受けたり逮捕されたりすれば、本来は「推定無罪」であるべきでも、そうした感情は一気に容疑者に向かいがちです。

これは「負の感情を解消する」ための心の働きなのですが、そのことを自覚できる人は少ないでしょう。本人は「自分は被害者の代わりに正義を行っている」という感覚で怒りをぶつけてしまうのです。問題は、こういう心理状態に陥ると、「容疑者とは単に怪しいというだけで、実際には真犯人ではない可能性もある」、という事実を見落としやすくなることです。もともと負の感情を持ち続けるストレスを解消することが動機になっているので、結論を急いでしまうのです。

これはほとんどの冤罪《えんざい》事件の背景にある心理メカニズムでしょう。捜査関係者は、早く犯人を特定し、捕まえなければならないというプレッシャーにさらされます。取材している記者も、読者や視聴者の期待に早く応えなければならないという焦りを感じます。もちろん「抜いた・抜かれた」のスクープ競争で一歩先んじて楽になりたいという気持ちもあります。こうした結論を急ぐ心理が集団に伝染していくと、信じられないような判断の誤りが生じてしまうのです。

「松本サリン事件」を読む

こうした心理の弊害について実例を見たければ、前節で説明した縮刷版で、1994年6月27日に長野県松本市で発生した「松本サリン事件」の報道を発生から時系列で追ってみるといいでしょう。この事件については検証本が何冊も出ていますが、報道を通じて当時の五里霧中の状況を追体験すると、「情報分析の失敗」の本質がより深く理解できます。

念のためおさらいしておくと、この事件はオウム真理教のメンバーが、自分たちに不利な判決を出しそうな裁判官を殺害しようと、裁判官舎に向けて化学兵器のサリンガスを散布したテロ事件です。周辺の住民8人が亡くなり、重軽傷者も数百人にのぼりました。化学兵器を使ったテロという意味でも歴史に残る事件ですが、マスコミ関係者の間では、実際には被害者だった河野義行さんを犯人扱いする報道を繰り返した、一種の冤罪事件として記憶されています。

記事を読み返してまず感じるのは、当時の人々が感じた不安の大きさです。初報の段階では毒性のガスでたくさんの人が亡くなったことはわかっても、それがサリンであることはわかっていません。サリンであると判明すると、今度は兵器に使われるようなガスがなぜ住宅街を襲ったのか、という新たな疑問が出てきます。このため、記事には「ナゾ」「だれが、何のために」というフレーズが形を変えて何度も登場します。

こうした中で警察が注目したのが、現場でガスを吸って病院に運ばれた河野さんでした。自宅から農薬などの薬品がたくさん見つかったため、それを調合している時に誤って毒ガスを発生させてしまったのではないかと疑ったのです。事件の2日後には「住宅街の庭で薬物実験⁉」（読売新聞6月29日朝刊）といった見出しが登場します。

それ自体は、当然浮かび上がってくる「可能性」「仮説」ではあります。警察が河野さんを重要参考人として調べたのも、緊急事態だったことを考えれば仕方がない面があるでしょう。問題は警察も、その発表を報道していたマスコミも、一つの仮説に執着し、「それ以外の可能性」が見えなくなってしまったことでした。

実際、事件の全容を知った今になって記事を読むと、「河野さんではない可能性」を示唆する事実が、実はたくさんあったことに気付かされます。警察が「農薬の調合の失敗」という見方を固めた後でも、専門家は「市販の農薬を混ぜたくらいでは発生しない」といった疑問を投げかけています。私の経験から推測すれば、記事で紹介されたコメントは取材結果の一部であり、実際にはもっと疑問視する声はあったと思います。

そもそも、どうして警察やマスコミは河野さんを疑ったのでしょう。記事に根拠を探すと、初期の報道の中に「当初、男性宅から強いにおいが漏れ、煙が出ていたのが近所の人の話でわかった」「庭には薬品の調合に使った皿や薬品ビンなどがあった」（いずれも朝日新聞6月29日朝刊）といった記述が出てきます。

しかし、事件が起きたのは雨の日の深夜でした。ガスは目に見えないうえ、広範囲で被害を出しており、発生源が本当に河野さんの自宅かどうか、近所の人が正確に判断できたとは思えません。庭に薬品のビンがあったとしても、そこで調合したとは断定できないはずです。

しかし警察とマスコミは、河野さんが犯人であるという前提で状況証拠を積み上げました。すると、それなりに合理的な説明が成り立ってしまったのです。ただし、繰り返しになりますが、記事を読み返すと、それを否定するような事実や意見もたくさん出てきます。結論を急がず冷静な判断をしていれば、犯人が河野さんではない可能性が小さくないことはわかったはずです。

結論をすぐに出さない

この事例を私たちが情報を分析する際の他山の石とするには、人間心理を巡る次の3点に注意する必要があるでしょう。

まず一つは、繰り返しになりますが、分析の際には感情をなるべく排除する方がいいということです。特に個人的な恨みや悔しさなど、私情は判断を狂わせやすいので要注意です。

第二に、集団心理に巻き込まれないように注意する、ということです。行動経済学の研究などが教えるところによると、人は一人で考えている時より、集団で意思決定をした時の方が大胆な結論を選ぶ傾向があります。俗に言う「赤信号、みんなで渡れば怖くない」という心理です。

当たり前ですが、新聞は「マス」メディアです。これは、多くの読者が共感してくれそうな意見や、世の中の多数意見を優先的に報じるということでもあります。もちろん、それはそれで意味があるのですが、情報分析に「多数決」の論理を持ち込むことが、判断の誤りをもたらす例は少なくありません。世の中が一つの方向に向かっているときは、それが個々の独立した判断の集合なのか、群集心理に支配された集団愚考なのかを見極める姿勢が必要でしょう。

第三は、態度決定や意見表明はできるだけ先延ばしした方がいい、ということです。「君子は豹変す」という言葉があります。学識や徳が備わった人は自分の過ちを認めて意見を劇的に変える、という意味ですが、これは裏返すと普通の人は自分が以前にした主張にこだわってなかなか変えられない、ということでもあります。

意見を変えると「変節した」と批判を受けたり、最初の主張が浅はかだったからだという指摘を受けたりするリスクがあります。こうした批判をされると自尊心が傷つくので、人はなるべく主張や意見に一貫性を持たせたいと思うものです。それ自体は自然な感情ですし、コロコロ意見を変える人は社会的な信用を得られないのも事実でしょう。

しかし、一慣性にこだわる心理は情報分析の際には合理的な判断の妨げになります。一つひとつの情報に虚心坦懐に向き合うには、それを意識して抑える必要があるのです。具体的には、最終的な結論を出すまでの過程では、判断を留保する姿勢が求められます。

とくに注意したいのが、対外的な意見表明です。自分の心の中だけで意見を変えることは、他人から批判を受けるリスクがないので比較的容易です。しかし、なんらかの形でそれを表に出してしまうと、簡単には変えられなくなります。ですから、事態が動いている間はなるべく意見表明を控え、どうしても意見を言わなければならない場合は、「現時点での判断では」「今後、意見が変わる可能性はあるが」などと、最終意見でないことをはっきり示した方がいいでしょう。

実は、この点は新聞の論調やニュースの報じ方を考える際にも意識しておきたい要素です。つまり、新聞社が社説などで何か主張や提案をすると、その後の報道姿勢にも影響してくる、ということです。例えばある政策を一度でも社説で支持すると、反対側にスタンスを変えるのは大変です。読者から「以前の主張は何だったのだ」という批判が巻き起こるでしょう。このため、その政策の問題点や、推進する勢力に不利になるようなニュースの報道がしにくくなるのです。言い換えると、社説はきちんと読んで、その新聞がどんな前言に縛られているか、頭に入れてから記事を分析した方がいいということになります。

複数の立場から読む

さて、情報分析をする際、冷静さを保つにはどうすればいいのでしょう。心理というのは、そのメカニズムを理解しただけでコントロールできるようになるものではありません。やはり、一定の訓練が必要でしょう。まず、情報から生じる感情が分析に影響しないよう、意識しながら記事を読む練習をすることです。

具体的には、比較的自分と政治的な立場が近いと思える新聞を読むことから始めます。こうすると、新聞社の社論と自分の意見がぶつかって感情が刺激される頻度は少なくなるはずです。この段階では、自分の中に第三者的な視点を持つことを意識します。例えば社会面の事件報道を読む場合には、自分が加害者側の弁護士だったらどのような弁護をするかを考えながら読むのです。

まずは、被告人が無罪であるという前提に立ってみます。裁判の原則は「疑わしきは罰せず」です。弁護士は容疑者が起訴事実を認めていない場合、提出されている証拠だけで確実に有罪だと言えるかどうかを突くでしょう。例えば初期の自白は強要されたものではないのか。検察が主張するストーリーに無理はないのか。目撃者と容疑者に利害関係はないのか。証拠とされるものに疑いはないのか……。こういった点について、いわばあら探しをしながら記事を読むのです。

被告人が起訴事実を全面的に認めている場合なら、どのような情状酌量を勝ち取れるかを考えます。被害者側に落ち度はないのか。事件には不可抗力の側面がなかったのか。事件の背後には加害者の個人的な理由以外に社会的な背景もあったのではないか……といった具合です。

複数の立場から物事を見ることができる自信がついたら、今度は対照的な政治的スタンスを持つ2つの新聞の社説や政策記事を比較して読んでみます。どちらかは自分と意見が近く、もう一方は逆の意見を持っている新聞になるはずです。一般的には「朝日と産経」「読売と毎日」といった組み合わせになるでしょう。このとき、自分の意見に近い新聞の社説を、もう一方の新聞が指摘する事実や論理に基づいて、徹底的に否定してみるのです。

重要なのはあくまでも「事実と論理」に基づいて否定する、ということです。感情的な判断を避け、情報分析の精度を上げることがそもそもの目的ですから、好き嫌いの部分で批判をしても意味がありません。逆に、徹底的に理詰めで、自分の意見に近い方の社説を論破するのです。

やってみてわかることは、自分と相容れない意見にも、相当な合理性や説得力があるということです。逆に言えば、この点が実感できるまで、この訓練は続ける必要があります。

自分と異なる意見を感情的に見ていると、無意識のうちに相手が根拠としている事実や論理まで、無視したり、過小評価したりしてしまうものです。しかし本来、それらは情報としては等価として扱われるべきもので、正しい判断を下す際には考慮すべきものであるはずです。

最終的には、自分の立場や好き嫌いに照らして意見を決定するとしても、分析段階では情報の収集方針や評価に感情が関与しないようにする必要があります。こうした態度は自然に身につくものではないので、あえてこうした極端な設定に身を置く必要があるのです。

コラム：スクラップをつくる

スクラップとは新聞や雑誌の記事の切り抜きのことです。ほんの20年くらい前まで、情報分析の初歩といえば「スクラップ」でした。ネットの「ブックマーク」や「お気に入り」のような感じで、後で必要になりそうな記事を紙面から切り取って保存しておくのです。

記者はどんな風にスクラップを作っているのでしょう。日経新聞ではB5サイズの大学ノートがよく使われていました。コクヨにキャンパスノートという製品がありますが、ああいう普通のノートに切り抜きを貼り付けていくのです。

大きい記事だとはみ出しますが、その場合は折りたたんでページの大きさに納めます。完成すると分厚くなり、見栄えは良くありませんが、本棚にしまうことを考えると、専用のスクラップブックよりコンパクトで使いやすいと思います。

スクラップには目的や方法によって様々なタイプがあります。最もポピュラーなのは「備忘録型」でしょう。気になった記事や、時間があるときにじっくり読み返したい記事などを貼り付けていきます。コツは、記事を厳選せず「とりあえず」保存していくことです。あとで読み返した時に不要だったと感じる記事も出てくるでしょうが、それでもかまいません。さらに時間が経てば、不要だと思っていた記事に再び価値が生じるケースもありますし、長く続けていると何を保存し、何を捨てるべきかが見えてきます。

もう一つは「シリーズ型」で、連載などを保存します。新聞は、1週間や1ヵ月といった中長期にわたる連載をすることがあります。日経新聞の文化面に掲載される「私の履歴書」は、財界人や作家といった有名人の半生を振り返るシリーズですが、1人につき1ヵ月、連載が続きます。コーナーとして常設されている「産経抄」（産経新聞）、「経済教室」（日経新聞）、「質問なるほドリ」（毎日新聞）などもシリーズものと言っていいでしょう。時間が経ってから当時の世相を振り返るとき、四コマ漫画なども資料的価値を持つことがあります。

「テーマ型」は、一つのテーマを決めて、それに関連する記事を集める方法です。例えば、ビジネスパーソンが、ある業界に関する記事を集めていくのは典型的なテーマ型スクラップです。

就職活動中の学生であれば、手始めに雇用や新卒採用に関する記事を集めてみるのもいいかもしれません。例えば企業の翌年度の採用計画や、有効求人倍率・失業率といった雇用関連の経済統計は経済面に掲載されます。一方、政府が打ち出す若年者向け支援などについてのニュースは政治面、「暑い時期の就活にクールビズは許されるか」といった話題は社会面に載ります。

こうした幅広い面に目を通して、必要な記事を集める作業は、情報分析の基礎訓練になります。例えば、経済面を担当する経済部の記者、政治面を担当する政治部の記者、社会面を担当する社会部の記者では、同じ事象でも全く見方が異なります。それらを読み比べれば、ある事柄を複数の視点から見る姿勢が身につくはずです。長く続けていると、一見、関連がなさそうな出来事が意外なつながりを持っている、といったニュースの背景にも目がいくようになるはずです。

おわりに

「はじめに」でも述べたように、「紙の新聞」が急速に読まれなくなっている一方、私たちがネットを通じて新聞記事を目にする機会はむしろ増えています。このことは新聞という媒体に対する人々の印象にも、大きな変化をもたらしたように思います。

その結果の一つが、皮肉なことにマスコミ不信の高まりです。

紙の新聞は、ある銘柄を一度読み慣れると、他紙に乗り換えるのはなかなか億劫です。例えば読売新聞の定期購読者であれば、ネットが普及していなかった時代には朝日新聞、毎日新聞、産経新聞の記事を読む機会はほとんどなかったのではないでしょうか。

このため、新聞が紙媒体だけだった時代、記者はある種の「お約束」に従って記事を書けば、読者から大きな批判を受けることはありませんでした。例えば集団的自衛権であれば、朝日や毎日は否定的、読売や産経は肯定的に書けば、ほとんどの読者は共感してくれたはずです。

これは定期購読者の属性が明確だからです。読者が長期契約者ばかりだった時代、読売や産経であれば保守層、朝日や毎日であればリベラル層が読んでいることが分かっていました。こうした特定の層に歓迎されるように記事を書けばよかったのです。

ところがネットの無料記事は、あらゆる人に読まれます。今ではリベラル層が読売の記事を読んだり、保守層が朝日の記事を読んだりします。自分と相容れない考え方に基づいて書かれた記事を読まされるのですから、当然、大きな反発を感じます。

産経のファン層が毎日の記事を読めば「こんなゴリゴリの左翼記者がまだいたのか」と驚くでしょうし、毎日のファン層が産経の記事を読めば「全国紙がこんな反動的な意見を堂々と載せるなんて世も末だ」と感じるでしょう。人々が感じるこうしたショックが「マスコミは偏向している」「世論操作をしようとしている」といった怒りに結びついているのです。

ただ、こうした新聞の「色の違い」は最近になって急に出てきたわけではありません。変わったのは新聞の方ではなく、読者の読み方の方なのです。

新聞記事の消費のされ方の変化は、世論形成にも大きな影響を与えていると思います。例えば、「原発」「安保法制」といった、世論を二分するようなテーマを巡る議論が、感情的でトゲトゲしくなっていることは、新聞の読者層が急速に拡大したことと無縁ではないでしょう。

ツイッターやフェイスブックを覗くと、自分と異なる意見を持つ人たちに対して、「反日」「ネトウヨ」などとレッテルを貼って罵る風潮が目に付きます。新聞やテレビなどに対しても「マスゴミ」といった攻撃的で嫌悪感を含んだ呼び方が多用されています。

しかし冷静に考えれば、論争的なテーマについては、世の中のざっくり半分は自分と逆の考えを持っているものです。「改憲か護憲か」「原発推進か脱原発か」といった論争は昔からありますが、時代によって支持率に変化はあるものの、どちらかに極端に偏ることはなかったはずです。

これはネット時代になろうと変わらない現実ですし、言論界のあり方としては健全ですらあります。

みんなが新聞を1紙だけ読んでいたころには、こうした対立の構図はあまり意識しなくてもすみました。ニュースは「読売」「朝日」といったフィルターを通して読者に届いていたからです。紙面の上では、対立する陣営の主張や動きは弱められ、マイルドな形で紹介されます。実際はそうでなくても、「世の中、だいたい自分と同じように考えているはずだ」「自分は平均的な考えの持ち主だ」と思えたのです。

しかしネットは、自分と異なる考えを持つ人々の存在を目の前に突きつけてきます。いわば「敵」の存在を見えやすくしたのです。「敵」が思った以上に多いことに気づくと恐怖心が芽生えます。対立する陣営がお互いを口汚く罵り合う、感情的な論争が起きやすくなった背景には、こうした環境の変化が少なからずあるのではないでしょうか。

新聞は明治維新以来、良くも悪くも国民の意見を集約する社会的な装置でした。とくに戦後は、立場や考え方を共有する人々を束ねる一方、意見の違いが国の中で決定的な分裂を生まないように調整する役割も果たしてきたのです。これは政党とよく似た役割だったのかもしれません。

しかし、先に述べた変化の中で、新聞は国民の感情的な対立に火をつけ、分裂を深める要因になりつつあります。

最近、誤解が広がっているように思うのですが、民主主義は本来、「多数決による意思決定の仕組み」ではありません。相容れない立場や主張を持つ人々が、同じ国の中で互いに妥協をしながら共存するための「調整」こそが、その本質なのだと思います。だとすれば、現在言われている民主主義の危機の少なくとも一部は、新聞業界のあり方に起因しているはずです。もちろんそれは、新聞社にとっては意図せざる結果なのですが、そろそろ対策を考えなければならない局面に入っているように感じます。

真っ先に必要なのは、言うまでもなく新聞業界による自己改革です。読者の不信を招いてきた慣行を改め、信頼され、支持される報道のあり方を模索しなければなりません。

メディアと民主主義の再興の、もう一つの条件は、私たち情報の受け手の側にあります。すでに述べたように、供給者としてのメディアの質だけが、消費者である国民の情報リテラシーと無関係に向上していくことはあり得ません。メディアも営利企業である以上、商品の質を正しく見極め、それに対して妥当な対価を払う消費者からなる市場がなければ、健全に発展することはできないからです。

もし読者が「質の良い記事」と「質の悪い記事」を見分けられないのであれば、記者や新聞社はコストをかけて記事の質を上げるインセンティブを失います。そうなれば市場原理が働かず、「安かろう悪かろう」の情報が溢れてしまうでしょう。

例えば、ページビューを稼げる記事が「良い記事」なのであれば、正確性や深い分析など必要ありません。人々の感情に訴えかけ、単純で面白ければ十分です。しかし、ニュースまでがそういう原理で報道されるようになれば、民主主義の危機は深まるばかりでしょう。

本書では、記者として活動してきた私の経験をもとに、記事の読み方を解説してきました。紙幅の関係で限界はありますが、この一冊だけでも、作り手側の限界や意図を踏まえながら記事を読む手がかりが得られたのではないかと思います。

そうした知識を活かしながら新聞やテレビ、ネットなどのニュースを分析していけば、何が「良い記事」で「本物の報道」なのかもきっと見えてくると思います。そして、私たちがニュースを見る目を磨けば、新聞も下手な記事は書けなくなるでしょう。

実は本書のアイデアは、記者時代、私の取材先の一人だったＮＴＴ出版の永田透さんに、「新聞離れや活字離れを食い止めるためにも、こういう本を作ってもらえないか」と提案していたものです。そのときは新聞社のＯＢなどに書いてもらうことを想定していました。

しかし、退職の挨拶にうかがった際、「あれを書いてみてはどうですか」と提案していただき、結局は自分で書くことになりました。本の執筆者としては何の実績もない私にこうした機会を与えてくださったことに、心から感謝しております。

また、執筆の過程では現役の記者、政界関係者、ビジネスパーソンなど多くの方にアドバイスをいただきました。差し障りのある方が多いのであえて名前を挙げませんが、この場を借りて厚く御礼を申し上げます。

本書のテーマである新聞をはじめ、メディアを取り巻く環境は厳しさを増しています。しかし、変化に浮き足立つことなく、できること、すべきことを地道に積み上げていけば必ず道は開けると思います。本書が、微力ながらそうした試みの一助になることを願ってやみません。

より理解を深めたい方のための読書案内

新聞を読むための参考書としては、本書に先立って多くの良書が出版されています。例えば、初心者であれば、NHK記者として新聞とのスクープ競争を体験されている池上彰氏の本がオススメです。なかでも**『池上彰の新聞勉強術』**と**『池上彰の新聞活用術』**は読みやすく、示唆に富んでいます。新聞記者による解説書としては北村肇氏の**『新聞記事が「わかる」技術』**を挙げておきたいと思います。メディアリテラシー教育に携わる人には、熊田亘氏の**『新聞の読み方上達法』**が参考になるでしょう。出版から20年以上経っているので手に入りにくいかもしれませんが、問題意識やアプローチは本書と重なる部分が多いと感じました。

記者の心理についてより深く知りたい方は、本書でも言及した横山秀夫の小説がオススメです。**『クライマーズ・ハイ』**はもちろんですが、近著の**『64』**も、警察側から見た記者の姿がリアルに描かれており、同業者の間でも評判になりました。

記者の仕事について知りたい方は、朝日新聞社の**『報道記者のための取材基礎ハンドブック』**を読むとイメージの一端をつかむことができるかもしれません。ただ、どうやって機密情報を手に入れるかといったノウハウについては、むしろJ・C・カールソンの**『CIA諜報員が駆使するテクニックはビジネスに応用できる』**など、CIAの退職者が書いた本の方が参考になります。

意外に思われるかもしれませんが、ターゲットとなる組織に協力者を確保して情報を集める手法については、諜報員と記者の間に多くの共通点があります。

日経新聞についてはすでに様々な解説本が出ているので、本書では面構成やコラムの種類など、細かい説明は収録しませんでした。読みこなしたい方は、グループの日本経済新聞出版社が継続して出している小宮一慶氏のシリーズ（直近は『**小宮一慶の1分で読む！「日経新聞」最大活用術2016年版**』）を参考にするといいでしょう。近年、紙面リニューアルが頻繁に行われるようになったので、日経の解説本についてはなるべく新しいものの方が役に立つと思います。経済学的な視点を持ちつつ記事を読みたい方には、私も編集に関わった『**経済学者に聞いたら、ニュースの本当のところが見えてきた**』をおすすめします。

今回の執筆にあたって私が読んだ本のなかで、とくに印象深かったのが、ほぼ100年前に出版された杉村楚人冠の『**最近新聞紙学**』です。日本の新聞のルーツや、報道の本質を改めて考える上で、必読の一冊だと思います。報道に携わる人間にとっては、先が見えなくなっている今こそ、楚人冠のようにニュース価値とは何なのかなど、足元から業界の姿を捉え直すことが、遠回りのように見えて最も必要とされていることではないかと考えています。

参考文献

第1章

岸本重陳『新聞の読み方』岩波書店、1992年

新聞編集整理研究会議『新編 新聞整理の研究』日本新聞協会、1994年

斎藤精一郎『すぐに活かせる「日経」の読み方』日本経済新聞社、2004年

熊田亘『新聞の読み方上達法』ほるぷ出版、1994年

第2章

池上彰『池上彰の新聞活用術』ダイヤモンド社、2010年

池上彰『池上彰の新聞勉強術』文藝春秋、2011年

町田顯『初心者のための「日経新聞」の読み方』東洋経済新報社、2002年

日向野利治『入門 ぱっと読める日経新聞』明日香出版社、1999年

橋本五郎『新聞の力――新聞の読み方で世界が見える』労働調査会、2013年

第3章

池上彰『池上彰に聞く どうなってるの? ニッポンの新聞』東京堂出版、2015年

池上彰『池上彰のメディア・リテラシー入門』オクムラ書店、2008年

渋井真帆『渋井真帆の日経新聞読みこなし隊（第2版）』日本経済新聞出版社、2009年
浜田純一・桂敬一・田島泰彦編『新訂　新聞学（第4版）』日本評論社、2009年
福田恆存企画・監修『新聞のすべて』高木書房、1974年
西村隆次『報道記者のための取材基礎ハンドブック』リーダーズノート、2012年

第4章

朝日カルチャーセンター編『新聞記者入門』大阪書籍、1988年
朝日新聞「新聞と戦争」取材班『新聞と戦争』朝日新聞出版、2008年
稲葉三千男・桂敬一・新井直之編『新訂　新聞学（第3版）』日本評論社、1995年
梅本清一『地方紙は地域を作る』七つ森書館、2015年
Melvin Mencher『*Melvin Mencher's NEWS REPORTING AND WEITING TWELFTH EDITION*』McGraw-Hill Education、2010年
城戸又一編集代表『講座　現代ジャーナリズムⅡ　新聞』時事通信社、1973年
幸田泉『小説　新聞社販売局』講談社、2015年
田村紀雄・林利隆編『新版　ジャーナリズムを学ぶ人のために』世界思想社、1999年
小林信司『新聞の行動原理』毎日新聞社、1971年
日本文化会議編『日本におけるジャーナリズムの特質』研究社出版、1973年
春原昭彦『日本新聞通史　新訂増補』現代ジャーナリズム出版会、1974年

第5章
現代新書編集部『新聞をどう読むか』講談社、1986年
池井戸潤『オレたちバブル入行組』文藝春秋、2007年
後藤文康『誤報―新聞報道の死角』岩波書店、1996年
J・C・カールソン『CIA諜報員が駆使するテクニックはビジネスに応用できる』夏目大訳、佐藤優解説、東洋経済新報社、2014年
『原発「吉田調書」記事取り消し事件と朝日新聞の迷走』編集委員会『いいがかり　原発「吉田調書」記事取り消し事件と朝日新聞の迷走』七つ森書館、2015年
横山秀夫『クライマーズ・ハイ』文藝春秋、文庫2006年（単行本2003年）
横山秀夫『64（ロクヨン）』文藝春秋、2012年
小宮一慶・門出希『ハニカム式 日経新聞1週間ワークブック』日経BP社、2011年
佐藤優『私の「情報分析術」超入門』徳間書店、2014年
池上彰・森達也『池上彰・森達也のこれだけは知っておきたいマスコミの大問題』現代書館、2015年
海渡雄一・河合弘之ほか『朝日新聞「吉田調書報道」は誤報ではない』彩流社、2015年
山岡幹郎・松岡孝安・菅原晃ほか『資料　政・経2015』東学、2015年

第6章
板橋悟『「記事トレ！」日経新聞で鍛えるビジュアル思考力』日本経済新聞出版社、2009年

日本経済新聞社編『日経経済記事の読み方〈2007年版〉』藪下史郎他訳、日本経済新聞社、2006年
ジェセフ・E・スティグリッツ、カール・E・ウォルシュ『スティグリッツ　マクロ経済学（第3版）』東洋経済新報社、2007年
板橋悟『「記事トレ！」日経新聞で鍛えるビジュアル思考力』日本経済新聞出版社、2009年
ポール・クルーグマン、ロビン・ウェルス『クルーグマン　マクロ経済学』大山道広他訳、東洋経済新報社、2009年
小宮一慶『日経新聞の数字がわかる本』日経BP社、2009年
鈴木誠一郎・喜多千草編著『映像制作入門――見せることへのファーストステップ』ナカニシヤ出版、2009年
角川総一『毎日5分の「日経新聞」道場』角川SSコミュニケーションズ、2010年
サイモン・コンスタブル、ロバート・E・ライト『ウォールストリート・ジャーナル式　経済指標　読み方のルール』かんき出版、2012年
時事通信社政治部監修『図解　国会の楽しい見方』東京書籍、2013年
吉川洋『デフレーション』日本経済新聞出版社、2013年
日本経済新聞社編『経済学者に聞いたら、ニュースの本当のところが見えてきた』日本経済新聞出版社、2013年
池上彰『ニュースの大問題！』さくら舎、2015年

第7章

読売新聞、朝日新聞、毎日新聞、日本経済新聞の縮刷版

イグナシオ・パラシオス＝ウエルタ編『経済学者、未来を語る――新「わが孫たちの経済的可能性」』小坂恵理訳、猪木武徳解説、NTT出版、2015年

小巻泰之『経済データと政策決定』日本経済新聞出版社、2015年

J・M・ケインズ『ケインズ説得論集』山岡洋一訳日本経済新聞出版社、2010年

日本経済新聞社編『株に強くなる『日経』の読み方』日本経済新聞出版社、2008年

齋藤孝『新聞で学力を伸ばす――切り取る、書く、話す』朝日新聞出版、2010年

全体

杉村楚人冠『最近新聞紙学』中央大学出版部、1970年（初版1915年）

北村肇『新聞記事が「わかる」技術』講談社、2003年

佐々木俊尚『2011年　新聞・テレビ消滅』文藝春秋、2009年

日本新聞労働組合連合編著『新聞が消えた日――2010年へのカウントダウン』現代人文社、1998年

中馬清福『新聞は生き残れるか』岩波書店、2003年

牧野洋『メディアのあり方を変えた 米ハフィントン・ポストの衝撃』アスキー・メディアワークス、2013年

衆議院「国会について」http://www.shugiin.go.jp/internet/itdb_annai.nsf/html/statics/kokkai/kokkai.htm

参議院「参議院のあらまし」http://www.sangiin.go.jp/japanese/aramashi/index.html

衆議院インターネット審議中継 http://www.shugiintv.go.jp/jp/index.php

参議院インターネット審議中継 http://www.webtv.sangiin.go.jp/webtv/index.php

首相官邸 http://www.kantei.go.jp/

検察庁「刑事事件の手続きについて」http://www.kensatsu.go.jp/gyoumu/keiji_jiken.htm

法務省「刑事事件フローチャート」http://www.moj.go.jp/keiji1/keiji_keiji09.html

――「検察庁と刑事手続きの流れ」http://www.moj.go.jp/keiji1/keiji_keiji11-1.html

日本弁護士連合会「あなたがささえる裁判員制度」http://www.nichibenren.or.jp/library/ja/publication/booklet/data/pamf_saibanin.pdf

「参考・引用リンク集」のページにアクセスできます。

朝日新聞「教育総合本部」http://mana-asa.asahi.com
毎日新聞「NIE」http://mainichi.jp/ch150911616i/NIE
産経新聞「NIE 先生のなるほどコラム」http://sankei.jp.msn.com/life/news/120421/edc12042123180003-n1.htm
北海道新聞「NIE」http://www.doshin-nie.com
河北新報「NIE」http://www.kahoku.co.jp/pub/nie/
静岡新聞「NIE」http://www.at-s.com/blogs/nie/index.html
高知新聞「NIE」http://www.kochinews.co.jp/nie/

記者の仕事

読売新聞「キャリアステップ」http://saiyou.yomiuri.co.jp/works/careerstep.html
朝日新聞「記者の１日」http://www.asahishimbun-saiyou.com/oneday/journalist.html
毎日新聞「仕事紹介」http://www.mainichi.co.jp/saiyou/work/henshuu.html
産経新聞「社員紹介」http://www.sankei.co.jp/saiyo/staff/
日本経済新聞「仕事を知る」http://www.nikkei.co.jp/saiyo/scoop.html
中日新聞「編集職の仕事」http://www.chunichi.co.jp/annai/work/editing.html
日本放送協会「職種紹介」http://www.nhk.or.jp/saiyo/teiki/category/

その他

日本記者クラブ http://www.jnpc.or.jp/
日本新聞協会「新聞倫理綱領」http://www.pressnet.or.jp/outline/ethics/
読売新聞「報道姿勢」https://info.yomiuri.co.jp/group/stance/index.html
朝日新聞「朝日新聞綱領」http://www.asahi.com/shimbun/company/platform/
毎日新聞「毎日新聞の理念」http://www.mainichi.co.jp/corporate/vision.html
産経新聞「産経信条・記者指針」https://sankei.jp/company/co_writer.html
日本経済新聞「社是」http://www.nikkei.co.jp/nikkeiinfo/corporate/philosophy/
ミシュランタイヤ「ミシュランガイドの歴史」http://www.michelin.co.jp/Home/Maps-Guide/Red-guide/History
――「ミシュランガイドについて」http://www.michelin.co.jp/Home/Maps-Guide/Red-guide/About-the-Guide
ぐるなび http://www.gnavi.co.jp
トリップアドバイザー https://www.tripadvisor.jp
Tdnet「適時開示情報閲覧サービス」https://www.release.tdnet.info/inbs/I_main_00.html

参考・引用リンク集

発行部数

日本新聞協会「新聞の発行部数と世帯数の推移」http://www.pressnet.or.jp/data/circulation/circulation01.php

読売新聞「販売部数」http://adv.yomiuri.co.jp/yomiuri/circulation/

朝日新聞「朝日新聞 MEDIA DATA2015」http://adv.asahi.com/modules/media_kit/index.php/media_data.html

毎日新聞「全国の販売部数」http://macs.mainichi.co.jp/now/media01/index.html

産経新聞「産経新聞の販売部数」http://www.sankei-ad-info.com/data/

日本経済新聞「媒体資料」https://adweb.nikkei.co.jp/paper/data/pdf/nikkeimediadata.pdf

北海道新聞「北海道新聞社広告局ホームページ」http://adv.hokkaido-np.co.jp

河北新報「発行部数データ」https://www.kahoku.co.jp/pub/media/about/index.html

中国新聞「中国新聞発行部数」https://www.chugoku-np.co.jp/Ad/inet_ad/info/2_1.html

西日本新聞「西日本新聞メディアガイド」http://www.nishinippon.co.jp/koukoku/download/media_mediaguide3.pdf

電子新聞

読売新聞「読売プレミアム」http://premium.yomiuri.co.jp/guide/pc/guide.html

朝日新聞「朝日デジタルのサービス」http://digital.asahi.com/info/about/

――「購読お申し込み」https://33.asahi.com/apply/w/order/

毎日新聞「デジタル毎日」http://mainichi.jp/pr/digital/

産経新聞産経新聞デジタル（Android）https://play.google.com/store/apps/details?id=jp.co.sankei.sankei_shimbun&hl=ja

産経新聞デジタル（iPhone）https://itunes.apple.com/jp/app/chan-jing-xin-wen/id298592032?mt=8

日本経済新聞「日経電子版広報部」http://pr.nikkei.com/lp/promo/index.html?n_cid=DSPRM016&GKW&waad=E3bLRp8H&gclid=COGPh62W6soCFZd6vQody0oATQ

NIE

教育に新聞を「新聞の基礎知識」http://nie.jp/newspaper/

読売新聞「読売教育ネットワーク」http://kyoiku.yomiuri.co.jp/

最後まで読んでいただき、ありがとうございました。

ぜひ、感想をお寄せください。左記のＱＲコードから感想送付用のメールアドレスや、アマゾンや読書メーターなどへのリンクを記載したサイトに飛ぶことができます。

著者

松林　薫（まつばやし・かおる）

1973年、広島市生まれ。修道高校卒。京都大学経済学部、同修士課程を修了し1999年に日本経済新聞社に入社。東京と大阪の経済部で、金融・証券、年金、少子化問題、エネルギー、財界などを担当。経済解説部で「経済教室」や「やさしい経済学」の編集も手がける。2014年10月に退社。11月に株式会社報道イノベーション研究所を設立。『けいざい心理学！』『環境技術で世界に挑む』『アベノミクスを考える』（電子書籍）（共著、以上、日本経済新聞社）など共著多数。

新聞の正しい読み方——情報のプロはこう読んでいる!

2016年3月17日　初版第1刷発行
2016年4月15日　初版第2刷発行

著　者　松林薫

発行者　長谷部敏治

発行所　NTT出版株式会社
〒141-8654　東京都品川区上大崎3-1-1　JR東急目黒ビル
営業担当／TEL 03-5434-1010　FAX 03-5434-1008
編集担当／TEL 03-5434-1001　http://www.nttpub.co.jp

装丁　米谷豪

本文絵　松林薫

印刷製本　中央精版印刷株式会社

ISBN 978-4-7571-0363-4　C0030